学习贯彻习近平新时代中国特色社会主义经济思想

做好“十四五”规划编制和发展改革工作

| 系列丛书 |

促进金融
更好服务实体经济

丛书编写组　编著

中国计划出版社　中国市场出版社 China Market Press

·北京·

图书在版编目（CIP）数据

促进金融更好服务实体经济 / 学习贯彻习近平新时代中国特色社会主义经济思想 做好“十四五”规划编制和发展改革工作系列丛书编写组编著. -- 北京 : 中国计划出版社 : 中国市场出版社有限公司, 2020.8 (2022.7 重印)
（学习贯彻习近平新时代中国特色社会主义经济思想 做好“十四五”规划编制和发展改革工作系列丛书）
ISBN 978-7-5182-1219-4

Ⅰ. ①促… Ⅱ. ①学… Ⅲ. ①习近平新时代中国特色社会主义思想－学习参考资料②金融－商业服务－关系－中国经济－经济发展－学习参考资料 Ⅳ. ①D610 ②F832③F124

中国版本图书馆CIP数据核字(2020)第160096号

促进金融更好服务实体经济

CUJIN JINRONG GENGHAO FUWU SHITI JINGJI

编　　著：丛书编写组
责任编辑：朱　冰
装帧设计：蒋宏工作室

出版发行：中国计划出版社　中国市场出版社
社　　址：北京市西城区木樨地北里甲11号国宏大厦C座3层（100038）
电　　话：（010）63906433（发行部）
网　　址：www. jhpress. com

印　　刷：北京汇瑞嘉合文化发展有限公司
规　　格：170mm × 240mm　　1/16开本
印　　张：13.25　　字　　数：138千字
版　　次：2020年8月第1版　　印　　次：2022年7月第5次印刷
书　　号：ISBN 978-7-5182-1219-4
定　　价：32.00元

前 言

金融是现代经济的核心，金融与实体经济关系问题是当今世界各国经济发展中始终要处理好的基本关系之一。党的十八大以来，我国金融改革发展取得重大进展，有力服务和支持了经济社会发展和现代化建设，但我国金融服务实体经济的能力和水平还不能很好地适应经济高质量发展的客观要求。

习近平总书记关于金融服务实体经济的重要论述，坚持马克思主义立场观点方法，在继承和发展马克思主义政治经济学相关理论的基础上，深入剖析我国与世界经济金融发展实践，科学回答了金融的本质是什么，实体经济发展需要什么样的金融体系，以及新时代如何构建有效服务实体经济的现代金融体系等重大理论和实践问题，是习近平新时代中国特色社会主义经济思想的重要组成部分，丰富和发展了中国特色社会主义政治经济学，为做好金融工作、推动经济高质量发展提供了根本遵循。

为深入学习、全面领会习近平新时代中国特色社会主义经济思想特别是习近平总书记关于金融服务实体经济的重要论述，指导做好“十四五”时期金融服务实体经济工作，特编写本书。本书主要包括五部分。第一章深入论述习近平总书记关于金融服务实体经济重要论述的重大理论和实践意义。第二章主要阐述学习贯彻习近平总书记关于金融服务实体经济重要论述的认识体会。第三章梳理总结了党的十八大以来我国金融服务实体经济取得的积极成效。第四章重点分析“十四五”时期金融服务实体经济面临的挑战。第五章初步提出了“十四五”时期做好金融服务实体经济工作的若干考虑。

“十四五”时期，必须以习近平新时代中国特色社会主义经济思想为指导，深入学习贯彻习近平总书记关于金融服务实体经济重要论述，加强党对金融工作的领导，坚持稳中求进工作总基调，遵循金融发展规律，着眼于畅通国民经济循环，深入推进金融供给侧结构性改革，健全具有高度适应性、竞争力、普惠性的现代金融体系，有效防范化解金融风险，着力提高金融服务实体经济效率和水平，不断提升金融治理体系和治理能力现代化水平，为推动经济高质量发展、建设现代化经济体系，实现“两个一百年”奋斗目标和中华民族伟大复兴的中国梦提供重要支撑。

本书编写组

2020 年 8 月

目 录

第一章
习近平总书记关于金融服务实体经济重要论述的重大理论和实践意义

第二章
学习贯彻习近平总书记关于金融服务实体经济重要论述的深刻体会

第三章
党的十八大以来金融服务实体经济工作取得的积极成效

第一章

习近平总书记关于金融服务实体经济重要论述的重大理论和实践意义

第一节

揭示了金融的本质和发展规律

习近平总书记关于金融服务实体经济的重要论述，深刻洞悉世界政治经济和金融发展大势，科学总结经济金融发展的一般规律，具有很强的时代性、思想性、战略性、指导性，是习近平新时代中国特色社会主义经济思想在金融领域的具体体现。

一、科学把握了经济金融发展的时代脉搏

金融是现代经济的核心，在现代经济发展中发挥着日益重要的作用。金融与实体经济关系问题是当今世界各国经济发展中始终要处理好的基本关系之一。习近平总书记在继承和发展马克思主义政治经济学相关理论的基础上，深入剖析我国与世界经济金融发展实

践，对金融与实体经济的关系作出了一系列重要的理论概括，具有极其丰富的时代内涵和鲜明的时代特征。

（一）应对百年未有之大变局下国际经济金融竞争的必然要求

习近平总书记指出，金融是国家重要的核心竞争力，金融安全是国家安全的重要组成部分，金融制度是经济社会发展中重要的基础性制度[1]。近代以来的经济金融史表明，金融力量在大国崛起过程中发挥了十分重要的作用，经济强国和金融强国始终是相辅相成、相互作用的。

17 世纪被称为“荷兰世纪”，现代金融体系的萌发为荷兰的迅速崛起发挥了重要作用。1609 年成立的阿姆斯特丹银行和世界上第一家证券交易所——阿姆斯特丹证券交易所，使得阿姆斯特丹迅速成为国际金融中心，荷兰货币也逐渐成为世界贸易中广受信赖的货币，保证了荷兰在崛起进程中与其他强国进行竞争时占有巨大优势。

在英国逐步成为世界经济强国的过程中，“金融革命”被普遍认为是一个重要因素。为筹集战争经费，英国政府于 1694 年设立了英格兰银行，逐步建立了现代银行体系。伦敦逐渐取代阿姆

[1]《习近平在全国金融工作会议上强调 服务实体经济防控金融风险深化金融改革 促进经济和金融良性循环健康发展》，《人民日报》2017 年 7 月 16 日。

斯特丹成为欧洲金融中心，为英国海外贸易扩张提供了资金支持。1816年，英国在世界上率先实行了金本位制，随后凭借其经济和军事优势，促成了国际金本位体系在19世纪70年代的最终形成。在金融体系和金本位制度的支持下，英国的海外贸易和国内经济增长迅速，1600年英国经济总量占全球份额为1.8%，1700年上升到2.9%，1820年上升到5.2%，1870年进一步上升到9.1%。18世纪末19世纪初，英国总体经济实力已是世界最强。

在美国崛起的过程中，现代金融市场、美联储和美元同样提供了重要支撑。华尔街为大规模铁路和运河建设提供了重要融资渠道，使得美国这一地域广阔、运输不便的新兴国家迅速整合完成经济一体化，金融市场还为其钢铁、化工等各个领域迅速超越欧洲强国提供了源源不断的资金。随着美国经济的快速增长，纽约证券交易所成为世界上规模最大的证券市场，纽约取代伦敦成为世界第一大国际金融中心。美联储对美国金融和经济的发展发挥了关键作用，保证了美国在经济腾飞过程中拥有一个灵活、安全和稳定的金融体系。第二次世界大战后，美国主导建立了布雷顿森林体系，确立了以美元与黄金挂钩、各国货币与美元挂钩为主要内容的国际货币体系，美元成为美国维护其全球经济金融头号强国地位的重要工具。虽然20世纪70年代布雷顿森林体系解体，但时至今日美元仍是最重要的国际贸易计价、清算支付和储备货币，在国际货币体系中仍处于主导地位。

党的十八大以来，我国改革开放和社会主义现代化建设取得了历史性成就，我国国际地位和影响力大幅提升，日益走近世界舞台中央。当今世界正经历百年未有之大变局，国际经济金融格局加速演变，世界经济运行风险和不确定性显著上升，大国竞争更趋激烈，金融力量在大国崛起过程中的战略作用进一步凸显。虽然我国已成为金融大国，但还算不上金融强国，我国金融业的全球竞争力、影响力、话语权与世界第二大经济体的地位并不相称。习近平总书记关于金融地位和作用的重要论述，对于我们沉着应对金融领域的大国博弈，不断推进金融改革开放，增强金融服务实体经济能力，提高经济和金融国际竞争力具有极强的战略指导意义。

（二）破解当代世界经济金融发展难题的重要思路

随着经济全球化和金融自由化的深入发展，金融创新大量涌现，金融资本和金融活动规模相对于实体经济以更快的速度扩张，金融业在经济中的比重不断上升，经济金融化成为全球范围内具有普遍性的现象。在经济金融化的过程中，全球金融市场的广度和深度持续扩展，主要发达经济体金融部门的角色也在发生变化，从为实体经济提供金融中介服务的传统功能，转为更多地通过金融市场交易来谋求回报，服务实体经济功能趋于弱化。与此同时，金融自由化在相当大的程度上放大了金融固有的脆弱性和风险性，金融危机爆发频率越来越高，波及面越来越广，对经济发展破坏性越来越大。2008 年爆发的国际金融危机集中暴露了金融过度发展的弊端。

然而，国际金融危机爆发十多年来，全球经济脱实向虚、金融空转的状况并未根本扭转。主要发达经济体试图通过超常规货币政策刺激经济增长，带来了金融的繁荣和扩张，但实体经济增长却始终不振、金融风险不断积聚，经济金融可持续发展面临重大挑战。以美国为例，2011—2019年间道琼斯指数上涨了约1.5倍，而同期美国名义国内生产总值仅增长约43%，政府债务规模增长68%。与此同时，金融领域流动性泛滥、积聚过多资源，由此带来的收入分配效应，加剧了全球贫富差距扩大等结构性问题。这些问题和挑战让世界各方有识之士不得不深刻反思，金融的本质是什么，金融的发展为了什么，如何在经济发展中更好地发挥金融的作用并有效防范金融风险。

习近平主席指出，如何让金融市场在保持稳定的同时有效服务实体经济，仍然是各国需要解决的重要课题[1]。在总结反思当代世界经济金融发展实践的基础上，习近平主席给出了金融服务要回归本源的中国方案，多次强调要推动金融业更好服务实体经济发展，使金融体系真正依靠、服务、促进实体经济发展。这些重要论述为世界各国破解当代经济金融发展难题提供了重要思路，贡献了中国智慧。

[1]《构建创新、活力、联动、包容的世界经济——在二十国集团领导人杭州峰会上的开幕辞》，《人民日报》2016年9月5日。

（三）实现“两个一百年”奋斗目标的客观需要

当前我国正处于实现“两个一百年”奋斗目标的历史交汇期，这一历史交汇期对于我国社会主义现代化进程有着特殊重要意义，既是大有可为的机遇期，也是攻坚克难的关键期。

推动经济高质量发展，迫切需要金融更好服务实体经济。对于我国这样一个经济和人口规模巨大的国家，由高速增长阶段转向高质量发展阶段并不容易，一方面，必须跨越非常规的经济发展现阶段特有的关口，特别是要打好防范化解重大风险、精准脱贫、污染防治三大攻坚战；另一方面，必须跨越常规性的长期性的关口，也就是要大力转变经济发展方式、优化经济结构、转换增长动力。跨越这两大关口，需要把金融服务实体经济放在更加突出的位置，不断深化金融供给侧结构性改革，有效引导资金流向实体经济；进一步加大金融对经济转型升级的支持力度，促进经济发展质量变革、效率变革、动力变革。

推进国家治理体系和治理能力现代化，迫切需要金融更好服务实体经济。金融治理现代化是国家治理现代化的重要组成部分。金融治理涵盖金融机构、金融市场、金融监管以及金融制度建设等多方面内容，是一个相互衔接、相互支持的系统。当前我国金融发展中还存在一些不适应经济高质量发展要求的地方，金融治理体系不完善、金融治理能力跟不上是重要原因。健全具有高度适应性、竞争力、普惠性的现代金融体系，为实体经济提供更高质量、更有效率的金融服务，有力促进金融与实体经济的良性循环，是推进国家治理体系和治理能力现代化的必然要求。

二、系统阐述了金融与实体经济共生共荣的关系

习近平总书记指出，金融要把为实体经济服务作为出发点和落脚点[1]。金融活，经济活；金融稳，经济稳。经济兴，金融兴；经济强，金融强。经济是肌体，金融是血脉，两者共生共荣。[2]这些十分形象又高度凝练的论述深刻阐明了实体经济与金融的互动关系，科学揭示了经济金融运行的内在联系和规律，从而将金融和实体经济关系的认识推向新的高度。

（一）为实体经济服务是金融的本分

金融是适应实体经济发展需要而产生的。马克思主义政治经济学认为，金融是商品经济发展的产物，当社会出现分工，劳动产品出现剩余，为克服商品二重性的内在矛盾以及便利商品交换，就产生了货币和信用。早期金融的功能仅限于支付手段和交易中介。随着生产力水平的提高和经济规模的扩张，生产、分配、交换、消费

[1]《习近平在全国金融工作会议上强调 服务实体经济防控金融风险深化金融改革 促进经济和金融良性循环健康发展》，《人民日报》2017 年 7 月 16 日。

[2]《习近平在中共中央政治局第十三次集体学习时强调 深化金融供给侧结构性改革 增强金融服务实体经济能力》，《人民日报》2019 年 2 月 24 日。

等环节对金融服务的需求越来越大，促使金融不断发展深化、金融功能不断拓展，从最初的支付交易发展到资源配置，再衍生出平衡供给和需求、风险管理、财富分配等一系列功能。与之相适应，金融体系从以存贷为主的银行金融体系，发展到产品和服务更加丰富多元的现代金融市场体系，活动范围从封闭的国内市场逐步延伸到开放的国际市场，并成为经济全球化的重要推动力量。总的来看，金融不断发展深化的演进过程，就是其不断“适应”实体经济发展需求的过程。实体经济发展始终是金融活动的轴心，金融根据实体经济发展的需要而实现自身的发展。

实体经济为金融发展提供了价值源泉和物质基础。问渠哪得清如许，为有源头活水来。实体经济是一国经济的立身之本、财富之源。马克思主义政治经济学认为，货币资本的起点是生产劳动，金融发展的出发点也是生产劳动。只有实体经济才是真正创造财富的经济形态，货币只是充当一般等价物的特殊商品，其价值来源于服务实体经济，其活动只与已经实现的价值有关。因此，实体经济是金融价值产生的源泉。虽然金融资本可以通过自我循环，以钱炒钱产生利润，但最终的利润来源仍是实体经济创造的价值。同时，实体经济活动也是金融发展的物质基础。没有实体经济的资本积累，金融便失去了可以配置的资金来源，对实体经济的优化配置并实现自身发展壮大也成了一句空话。

金融脱离实体经济将积聚风险甚至产生危机。马克思在《资本论》中指出，信用制度的日益成熟，是资本主义经济发展的必然结果，成为资本积累的强有力杠杆，使生产和消费能够不受自有资金的限制而取得跳跃式的增长。然而，资本的逐利性驱使金融活动在经济实践中极易衍生出虚拟化趋势，最终会引发巨大金融风险。金融的虚拟化趋势，源自马克思提出的虚拟资本概念。马克思在《资本论》第三卷中指出，虚拟资本有它的独特运动，这种独特运动指的就是资本在金融市场中淤积、空转，经过投机者的多次“翻炒”“加热”，形成大规模的虚假泡沫，引发金融风险。换句话说，资金在金融体系内部循环超过合理限度后，就会导致金融体系的过度膨胀，过度侵占本应用于实体经济的资金，并可能带来系统性风险。因此，实体经济始终是根本，任何时候都要避免脱实向虚。

（二）实体经济的发展离不开金融的有力支持

金融能够有效提高资源配置效率。现代金融最核心的功能是资源配置功能，即通过融通社会资金，为实体经济在不同主体、不同地区和不同时期之间配置资源。一方面，金融可以促进储蓄向投资转化，解决实体经济资金需求；另一方面，金融具有价值发现功能，能够通过市场化机制引导资金资源流向回报率高、发展潜力大的产业和部门，从而有效提高资金使用效率。

金融可以有效管理实体经济风险。从宏观视角看，金融在引导资金资源向回报率高、发展潜力大的产业和部门配置的同时，也将风险配置到有承担意愿且承担能力更强的产业和部门，实现了风险的合理转移。从微观角度看，金融工具、金融合约以及相关的金融机构等可以协助实体经济有效管理风险。例如，保险作为一种保障机制已成为实体经济主动管理风险、规避风险的基本手段。

金融是有效开展宏观调控的重要工具。作为国民经济的血脉，金融体系的触角遍布实体经济的各个部门，是联结各部门、各领域乃至整个国民经济活动的纽带，这种得天独厚的“牵一发而动全身”的特性，使金融成为调控宏观经济活动最重要、最有效的工具之一。货币、信贷、利率等金融手段都是宏观调控的重要工具，与财政、产业等其他调控手段相配合，为有针对性地开展宏观调控提供了多样化的政策组合，能有效帮助实现充分就业、物价稳定、经济增长和国际收支平衡等宏观调控目标。

第二节

明确了金融供给侧结构性改革的方向与重点

习近平总书记指出，深化金融供给侧结构性改革必须贯彻落实新发展理念，强化金融服务功能，找准金融服务重点，以服务实体经济、服务人民生活为本[1]。这为当前和今后一段时期深化金融供给侧结构性改革指明了方向和重点。

一、金融供给侧结构性改革是供给侧结构性改革的重要着力点

推进供给侧结构性改革是当前和今后一个时期经济发展和经济

[1]《习近平在中共中央政治局第十三次集体学习时强调 深化金融供给侧结构性改革 增强金融服务实体经济能力》，《人民日报》2019 年 2 月 24 日。

工作的主线，也是金融工作的主线。

（一）当前我国金融发展矛盾的主要方面在供给侧

我国经济进入高质量发展阶段，但金融供给结构与实体经济需求结构相比还存在很多不适应、不匹配的地方。例如，随着新业态、新模式、新技术的大量涌现，很多企业不仅存在单一融资需求，还有现金管理、投资交易、财务顾问、保险等多样化的综合金融服务需求，迫切需要金融供给业务模式和产品服务的创新。再如，中小微企业在实体经济中发挥的作用越来越大，但在间接融资为主的金融体系下，金融资源更倾向于配置到大型企业，导致中小微企业融资难融资贵问题难以有效缓解。

金融供给侧表现出的结构性问题，是当前我国金融发展不平衡不充分的真实写照，也是实体经济结构性矛盾在金融领域的“镜像”反映。这不仅影响了实体经济的融资效率，还会助长监管套利、金融无序创新等问题，增加了风险隐患。

（二）必须把改善金融供给结构作为主攻方向

随着经济社会发展阶段的演变，实体经济对金融的需求也会发生深刻变化。最优金融结构理论认为，只有金融体系的结构与实体经济的最优产业结构相匹配，才能有效发挥金融体系功能、促进实体经济发展。一方面，经济总量的增加会带动融资需求的增加；另一方面，经济结构的优化意味着市场主体日益多元，市场的融资需求也日益多样化、个性化。这对金融体系总量和结构的发展都提出了新的要求——更大的金融规模和能够提供更精准服务的金融结构。反过来，适应实体经济发展要求的金融体系能更有效率地配置金融资源，会进一步促进实体经济规模不断扩大、结构不断优化、质量不断提高。二者循环往复，提供了不竭的发展动力。

进入新时代，我国经济发展面临的问题，供给和需求两侧都有，但矛盾的主要方面在供给侧，必须把改善供给结构作为主攻方向，实现由低水平供需平衡向高水平供需平衡跃升。上述经济发展矛盾的特性和工作的主攻方向根本上是由实体经济主导的。因此，金融供给侧结构性改革既是供给侧结构性改革的有机组成部分，也是供给侧结构性改革的重要突破口和着力点。深化金融供给侧结构性改革，关键在于提高金融供给的质量和效率，通过改善金融结构，减少无效、低效金融供给，增加有效、高效金融供给，促进资源优化配置，推动经济结构调整和转型升级。

二、金融供给侧结构性改革的根本目的是服务实体经济服务人民生活

新发展理念是引领我国发展全局深刻变革的科学指引，只有构建与新发展理念相适应的现代金融体系才能有效服务实体经济、服务人民生活。

（一）实施创新发展需要深化金融供给侧结构性改革

创新是引领发展的第一动力，发展动力决定发展速度、效能和可持续性。深化金融供给侧结构性改革，要求围绕实施创新驱动发展战略来优化金融市场结构、完善金融市场功能，为实体经济的创新发展提供有效支撑，加快建设实体经济、科技创新、现代金融、人力资源协同发展的产业体系，使科技创新在实体经济发展中的贡献份额不断提高。要突出资本市场的直接融资功能，疏通创业投资等社会资本进入科技研发领域的渠道。要创新科技与金融融合机制，健全科技金融服务体系，鼓励为技术创新主体提供技术研发、创新创业、成果转化、风险覆盖等各类金融服务。

（二）推动协调发展需要深化金融供给侧结构性改革

协调是持续健康发展的内在要求，协调发展注重的是解决发展中不平衡问题。党的十八大以来，以习近平同志为核心的党中央把促进区域协调发展摆在重要位置，综合部署、统筹推进，逐步形成了京津冀协同发展、长江经济带发展、粤港澳大湾区建设、海南全面深化改革开放、长三角一体化发展、黄河流域生态保护和高质量发展等国家重大区域发展战略，以及西部大开发、东北振兴、中部崛起和东部率先发展四大板块联动的区域发展总体格局。金融支持是区域协调发展战略顺利实施的重要保障。深化金融供给侧结构性改革，要求充分发挥市场在配置资源中的决定性作用和更好发挥政府作用，针对不同区域的战略定位和自身禀赋，强化金融支持的整体方案设计，提供优质综合金融服务，带动我国区域协调发展和经济总体效率提升。

（三）践行绿色发展需要深化金融供给侧结构性改革

绿色是永续发展的必要条件和人民对美好生活追求的重要体现，绿色发展要求实现经济社会发展和生态环境保护协同共进，为人民群众创造良好生产生活环境。发展绿色金融，是实现绿色发展的重要措施，也是供给侧结构性改革的重要内容。深化金融供给侧结构性改革，要求牢固树立和践行绿水青山就是金山银山的理念，通过创新性金融制度安排，引导和激励更多社会资本投入绿色产业。要积极利用绿色信贷、绿色债券、绿色股票指数和相关产品、绿色发展基金、绿色保险、碳金融等各类金融工具以及相关配套政策为绿色发展服务。

（四）推进开放发展需要深化金融供给侧结构性改革

开放是国家繁荣发展的必由之路，建设更高水平开放型经济新体制，实施更大范围、更宽领域、更深层次的全面开放是完善社会主义市场经济体制的题中应有之义。金融业双向开放是新一轮开放的重要内容之一。深化金融供给侧结构性改革，要求金融与实体经济走出去的节奏和布局衔接配套，能够为实体经济在全球范围内整合资源、拓展增长空间搭建通道和桥梁，提供必要的金融服务，进而提升实体企业的国际竞争力。深化金融供给侧结构性改革，还要求打造开放、包容、与国际接轨的金融市场，吸引更多境外资金服务国内经济发展，推动中资金融机构在与外资金融机构公平竞争中发展壮大，不断提高中国金融业在全球的竞争力。

（五）实现共享发展需要深化金融供给侧结构性改革

共享是中国特色社会主义的本质要求，是社会主义制度优越性的集中体现，是中国共产党坚持全心全意为人民服务根本宗旨的重要体现。深化金融供给侧结构性改革，要求以服务人民生活为本，优化金融产品供给，大力发展普惠金融，提高金融服务的覆盖率、可得性和满意度，让广大人民群众获得更加充分的金融服务。要增加金融资金对脱贫攻坚的投放，发挥资本市场支持贫困地区发展作用，吸引社会资金多渠道、多样化广泛参与脱贫攻坚。要建设适合农业农村特点的农村金融体系，强化金融服务方式创新，提升金融服务乡村振兴的能力和水平。要发展普惠金融，把小微企业、农民、城镇低收入人群、贫困人群和残疾人、老年人等特殊群体作为重点服务对象，充分覆盖各类市场主体，不能“嫌贫爱富”，做到发展中有侧重、发展中有普惠。

三、金融供给侧结构性改革要着眼于畅通国民经济循环

现代经济是一个主体多元、结构复杂、相互交织的动态循环系

统。金融在现代经济中的特殊地位决定了实现金融与实体经济良性循环是金融供给侧结构性改革的关键着眼点。

（一）循环畅通是国民经济健康运行的前提和保证

我国经济从高速增长阶段转向高质量发展阶段，国民经济循环也处于深刻调整之中，但原有经济运行体制机制不能完全适应高质量发展的要求，容易出现堵塞不畅，导致金融服务实体经济效率降低，不仅不利于实体经济健康发展，还容易带来金融风险。当前我国经济运行面临的突出问题，主要表现为三大结构性失衡，即实体经济结构性供需失衡、金融和实体经济失衡、房地产和实体经济失衡。实体经济的供需失衡，表现在中低端供给能力强大，但高端供给不足，难以满足人民群众日益升级的多层次、高品质、多样化的消费需求，导致实体经济盈利下降。在此背景下，资本的逐利性使得增加的货币资金很多没有进入实体经济，而是在金融系统自我循环或者进入房地产市场，带来脱实向虚，进一步推高了实体经济成本、加重了实体经济的融资困难。可见，这三大失衡相互关联、环环相扣，根本原因是实体经济结构性供需失衡，关键症结在于资金进入实体经济不畅，影响了整个国民经济的良性循环。

必须坚持以供给侧结构性改革为主线不动摇，更多运用市场化、法治化手段，在“巩固、增强、提升、畅通”八个字上下功夫。“畅通”就是要畅通国民经济循环，加快建设统一开放、竞争有序的现代市场体系，提高金融体系服务实体经济能力，形成国内市场和生产主体、经济增长和就业扩大、金融和实体经济良性循环。

（二）疏通资金进入实体经济渠道是畅通国民经济循环的关键

金融既是联结生产、分配、交换、消费等经济运行各个环节的重要纽带，也是集合劳动、土地、技术、数据等要素发展生产的推动力量。从某种意义上说，金融与实体经济良性循环，对国民经济健康运行的重要程度，正如血液循环畅通对人体健康的重要程度一样。

深化金融供给侧结构性改革，就是要疏通资金进入实体经济的渠道，为国民经济各部门各环节的循环提供养分，避免资本在金融体系内空转套利。要通过调整优化金融体系结构，构建全方位、多层次金融支持服务体系，提高金融供给满足实体经济需求的能力，为实体经济发展提供更高质量、更有效率的金融服务，并守住不发生系统性金融风险底线，推动我国金融业实现高质量、可持续发展。

第三节

指明了维护国家金融安全的根本举措

习近平总书记指出，维护金融安全，是关系我国经济社会发展全局的一件带有战略性、根本性的大事[1]。防范化解金融风险，事关国家安全、发展全局、人民财产安全。服务实体经济既是金融立业之本，也是防范金融风险的根本举措。

一、金融安全是经济安全的重要组成部分

国家安全是定国安邦的重要基石。经济安全是国家安全的基

[1]《习近平在中共中央政治局第四十次集体学习时强调 金融活经济活金融稳经济稳 做好金融工作维护金融安全》，《人民日报》2017 年 4 月 27 日。

础，是总体国家安全观的重要组成部分。金融安全在经济安全中占据着重要地位，是经济安全最敏感的部分之一。

（一）历史经验教训凸显了金融安全对经济安全的重要性

从国际看，二战以来世界经济发展史表明，不少国家在经历经济赶超型高速增长阶段后，都遭遇了金融危机，有的甚至由于危机中断了经济增长的进程。如20世纪70年代拉丁美洲债务危机、90年代东南亚金融危机等，教训都非常深刻。21世纪以来，全球经济特别是发达经济体过度金融化，增加了金融体系的风险和宏观经济的不确定性，对本国乃至世界经济造成了很大冲击。如2008年发源于美国的次贷危机，最终演化为一场席卷全球的国际金融危机。

2020年以来，新冠肺炎疫情冲击加速了百年未有之大变局的深刻演变，全球经济陷入衰退，未来世界经济走势面临高度不确定性。发达经济体为应对疫情冲击，不得不实施了超常规的财政和货币政策等调控措施，虽然短期内对维护经济社会稳定发挥了一定作用，但其长期负面外溢效应将逐步显现，并将给全球经济金融运行带来巨大风险。金融安全已成为当前及今后一段时期摆在世界各国面前的紧迫而重大的现实问题。

（二）金融安全是实现经济高质量发展的内在要求

金融是现代经济的核心，涉及面广、影响力大，在很大程度上影响甚至决定着经济健康发展。实现高质量发展，必须着重打好防范化解金融风险攻坚战，这个关口过不去，高质量发展则无从谈起。

习近平总书记深刻指出，金融风险有的是长期潜伏的病灶，隐藏得很深，但可能爆发在一瞬之间。美国次贷危机爆发就是一夜之间的事情。如果我们将来出大问题，很可能就会在这个领域出问题，这一点要高度警惕。[1]当前我国经济正处在深刻转型期和关键跨越期，过去高速增长掩盖下的一些体制性、结构性矛盾和问题正在“水落石出”，金融改革处于攻坚阶段，金融运行正在进入风险敏感期和多发期，外部冲击风险极易向金融体系传导，必须高度重视金融风险，采取积极有效措施妥善防范化解。只有切实维护好金融安全，才能为高质量发展营造良好的金融环境。尤其在金融创新日新月异、金融科技蓬勃发展的大背景下，有效提升金融风险的管控能力，建立起与金融创新相适应的金融安全体系，是实现金融高质量发展进而推动经济高质量发展的内在要求。

二、金融服务实体经济是防范金融风险的根本举措

发展是基础，安全是前提。为实体经济服务是防范金融风险、确保金融自身健康发展的根本举措。防止发生系统性金融风险，是

[1]《在中央经济工作会议上的讲话》（2016 年 12 月 14 日），《习近平关于社会主义经济建设论述摘编》，中央文献出版社 2017 年版，第 332 页。

金融工作的根本任务，也是金融工作的永恒主题。

（一）实体经济健康发展是防范化解金融风险的基础

我国是靠实体经济发展起来的，也必将依靠实体经济走向未来。从表面现象看，经济运行中的各种主要矛盾和风险更容易直接而显著地在金融领域暴露出来，但从深层原因看，这些金融风险隐患是实体经济结构性失衡的深刻反映。只有实体经济健康发展，才能从源头上减少金融风险，消除金融隐患。也只有实体经济健康发展，才能为金融风险防范化解提供持续缓冲、腾挪空间和有效吸收风险损失的物质基础。

（二）防范金融风险的治本之策是避免金融脱实向虚

金融未能有效服务实体经济、脱实向虚的问题在世界范围内并不少见。从我国情况看，金融乱象、地产泡沫等风险隐患，都和金融与实体经济的疏离有关。过去几年，令人眼花缭乱的金融创新中，确有符合经济社会发展需求的创新，但也不乏一些披着创新外衣钻政策空子甚至违法违规的创新行为。部分交易结构复杂、层层嵌套的所谓金融创新，不仅导致风险交织、难以识别，还会让资金在金融系统内部滞留空转，引发脱实向虚问题。

增强金融服务实体经济的有效性，必须着力强实抑虚。一方面金融要围绕建设现代化经济体系的需要，提供具有高度适应性的金融产品和服务，确保金融资源在市场机制下自由流动，在服务实体经济发展中创造价值和利润。另一方面要注重发展普惠金融、科技金融和绿色金融，引导更多金融资源配置到经济社会发展的重点领域和薄弱环节，有效覆盖各类市场主体，真正以源头活水浇灌实体经济茁壮成长。

（三）防止发生系统性金融风险是金融工作的根本任务

系统性金融风险是全局性的，一旦由此引发金融危机，将对经济社会产生巨大破坏。由于金融体系的复杂性以及金融市场之间的联动性，单个或局部性金融风险也可能会演变成为全局性的金融风险。

党的十八大以来，以习近平同志为核心的党中央反复强调要把防控金融风险放到更加重要的位置，牢牢守住不发生系统性风险的底线，采取一系列有效措施防范和化解金融风险，有力维护了金融安全和稳定，存量风险得到逐步化解，增量风险得到有效管控。党的十九大报告作出打好防范化解重大风险攻坚战的重要决策部署，2018 年中央财经委第一次会议提出了“稳定大局、统筹协调、分类施策、精准拆弹”的基本方针。总体上看，我国金融安全形势是稳定的，但随着金融体系的关联度和复杂性不断提升，在国内外多重因素压力下，潜在风险和隐患仍在积累。宏观层面的金融杠杆率和流动性风险，微观层面的金融机构信用风险和跨市场跨业态跨区域的金融市场风险，还有涉及群众切身利益的非法集资等金融违法犯罪风险相互交织叠加，呈现出复杂性、隐蔽性、传染性、突发性等特点，防范化解系统性金融风险依然任重道远。

三、金融服务实体经济是有效应对外部冲击的有力保证

习近平总书记强调，要提高开放条件下的经济金融管理能力和防控风险能力，走出中国特色金融发展之路。当前和今后一个时期，全球金融格局发生深刻变化，我国既面临在国际金融领域发挥与经济实力相匹配影响力的重大机遇，也面对在复杂多变的国内外政治经济环境中应对外部冲击、维护金融安全稳定的重大挑战。

（一）外部冲击是开放条件下金融领域面对的重大挑战

全球经济金融体系不确定性增强使维护我国金融体系安全面临更大挑战。全球产业、贸易、投资格局的重塑深刻影响国际金融资源配置，跨境资本流动日益复杂隐蔽，风险传递途径显著增多、速度明显加快。随着融入全球金融体系程度逐步加深，在金融市场波动性及脆弱性显著增强的大环境中，加上国际宏观经济政策协调的难度明显加大，我国也不可避免面临更多外部经济金融风险冲击。

金融领域深入开放使我国金融业参与国际竞争面临更大挑战。金融业开放本身并不是金融风险产生的根源，但开放过程可能提高金融风险防范的复杂性。我国金融业的市场结构、经营理念、创新能力、服务水平与发达国家相比还存在一定差距，金融业全球竞争

能力还有待提升，开放条件下金融管理能力和防控风险能力将面临更大挑战。

金融科技的蓬勃发展使金融监管和数据安全面临更大挑战。金融科技在拓展金融服务边界、提高金融服务可得性、降低金融服务成本、扩大金融普惠性的同时，也使得金融风险的表现形式多样化、传播途径复杂化、影响范围扩大化，增加了金融风险防范难度。随着 5G 网络、物联网技术的广泛应用，数据泄露风险及其引发的次生风险都需要高度重视、妥善应对。

（二）立足服务实体经济是提高开放条件下金融风险防控能力的重要举措

要坚持以我为主，把握好金融开放的时机和步调。提高金融业全球竞争能力，扩大金融高水平双向开放，同时丝毫不能放松防范金融风险。要根据国际经济金融发展形势变化和我国发展战略需要，在改革、开放、稳定的多重目标中寻求动态平衡，始终坚持自主原则，开放的时机和步调要服从于国内经济形势和改革发展的大局。

要坚持有序开放，统筹实体经济对金融市场的开放需求和开放条件下金融体系的冲击应对能力。积极稳妥推动金融业对外开放，既要考虑我国经济发展对各类金融市场和金融产品国际化程度的需求，也要兼顾金融市场的发展基础和应对外部风险冲击能力，合理安排开放顺序。

要坚持平等原则，积极参与全球经济金融治理。全球化的经济需要全球化的治理。要致力于建设公平公正、包容有序的国际金融体系，要让国际金融架构的代表性更加合理，逐步提升我国在全球经济金融治理体系中的话语权和影响力，为实体经济进一步发展创造良好的国际经济金融环境。

要坚持底线思维，筑牢金融安全网和防火墙。金融开放不是一放了之。要切实增强风险防范意识，加快完善金融风险防控体系，提高监管能力与开放程度的匹配度，牢牢守住不发生系统性金融风险的底线。

第二章

学习贯彻习近平总书记关于金融服务实体经济重要论述的深刻体会

第一节

加强党的领导是增强金融服务实体经济能力的根本保证

习近平总书记指出，中国共产党领导是中国特色社会主义最本质的特征，是中国特色社会主义制度的最大优势。党政军民学，东西南北中，党是领导一切的。[1] 金融工作作为经济工作的重要组成部分，必须始终在党的领导下进行，这是坚持和加强党的全面领导的必然要求，也是增强金融服务实体经济能力的根本保证。

一、必须坚持党中央对金融工作集中统一领导

事在四方，要在中央。坚持党的领导首先是坚持党中央的集中

[1]《在庆祝改革开放 40 周年大会上的讲话》，《人民日报》2018 年 12 月 19 日。

统一领导，要把维护党中央权威和集中统一领导作为最高政治原则和根本政治规矩来执行，任何时候任何情况下都不能含糊、不能动摇。当前，我国金融改革发展面临的任务十分繁重，金融在经济社会发展中的作用日益增强。做好新形势下的金融工作，必须加强党对金融工作的领导，最根本的是要坚持党中央对金融工作的集中统一领导。

坚持党中央对金融工作集中统一领导必须落实到思想上政治上行动上，落实到金融工作的各个方面和各个环节。要不断增强“四个意识”，坚定“四个自信”，做到“两个维护”，在思想上政治上行动上始终同以习近平同志为核心的党中央保持高度一致，做到令行禁止。要全面贯彻落实好党中央关于金融工作的大政方针和决策部署，把“为实体经济服务作为出发点和落脚点”牢记心中，把防控金融风险的责任扛在肩上，把深化金融改革、扩大金融开放的任务落到实处，确保不跑偏、不走样、不打折扣。要落实全面从严治党要求，贯彻党管干部原则，严明政治纪律和政治规矩，强化监督执纪问责。只有这样，才能确保金融改革发展正确方向，确保国家金融安全，不断提高金融服务实体经济能力。

二、必须加强金融系统党的建设

党中央对深入推进党的建设新的伟大工程作出了全面部署，对各领域加强党的建设提出了明确要求。金融系统特别是大型国有金融机构规模体量大、业务板块多、经营风险和廉政风险高，迫切需要全面加强党建工作，确保切实履行好党中央赋予的重大使命职责。近年来，项俊波、赖小民、胡怀邦等金融领域严重违纪违法案件的查处和金融乱象的持续整治，充分彰显了以习近平同志为核心的党中央坚定不移全面从严治党、持之以恒正风肃纪的坚强决心。

加强金融系统党的建设，要全面落实新时代党的建设总要求，全面推进党的政治建设、思想建设、组织建设、作风建设、纪律建设，把制度建设贯穿其中，深入推进反腐败斗争。国有金融机构要旗帜鲜明讲政治，切实增强党的意识，对党忠诚、为党分忧、为党尽职。坚持党的建设与国有金融机构改革同步谋划、党的组织及工作机构同步设置、党委（党组）负责人及党务工作人员同步配备、党建工作同步开展，把党的领导贯穿到公司治理各个环节，把党对金融工作的决策部署落实到具体经营活动中。要加强金融机构基层党组织建设，不断增强党组织创造力、凝聚力、战斗力，充分发挥基层党组织的战斗堡垒作用和广大党员干部的先锋模范作用。要持续加大反腐败力度，巩固金融系统反腐败斗争压倒性态势，深化标本兼治，构建不敢腐、不能腐、不想腐的体制机制，在金融系统营造风清气正的良好政治生态。

三、必须增强党领导金融工作的能力

加强党对金融工作的领导，既要政治过硬，也要本领高强。要着力提高党把方向、谋大局、定政策、促改革的能力和定力，有效发挥党总揽全局、协调各方的领导核心作用，充分调动各方面积极性、主动性、创造性，善于处理各种复杂矛盾，勇于战胜各种艰难险阻，不断增强党领导金融工作的能力，牢牢把握做好金融工作的主动权。

增强党领导金融工作的能力，重点是完善党领导金融工作的体制机制，加强制度化建设。要更加注重各级领导干部特别是高级干部对金融知识、金融业务、金融规律的学习把握和熟练运用，既善于运用金融手段促进经济社会发展，又善于防范化解金融风险、强化监管意识、提高监管效率。要完善定期研究金融发展战略、分析金融形势、决定金融方针政策的工作机制，提高金融决策科学化水平。要大力培养金融人才特别是金融高端人才，努力建设一支宏大的德才兼备的高素质金融人才队伍。金融管理部门要按照职能分工，切实负起责任；地方各级党委政府要按照党中央决策部署，做好本地区金融发展和稳定工作，做到守土有责，形成全国一盘棋的金融风险防控格局，坚决守住不发生系统性金融风险的底线。

第二节

提升效率水平是增强金融服务实体经济能力的核心要义

习近平总书记指出，金融要把为实体经济服务作为出发点和落脚点，全面提升服务效率和水平，把更多金融资源配置到经济社会发展的重点领域和薄弱环节，更好满足人民群众和实体经济多样化的金融需求[1]。这一重要论述深刻阐述了增强金融服务实体经济能力的核心要义在于服务效率的提高和服务水平的改善。

[1]《习近平在全国金融工作会议上强调 服务实体经济防控金融风险深化金融改革 促进经济和金融良性循环健康发展》，《人民日报》2017 年 7 月 16 日。

一、提升效率水平必须充分发挥市场在资源配置中的决定性作用

市场决定资源配置是市场经济的一般规律，也是市场经济的本质要求。金融是现代经济的核心，金融资源的有效配置是提高经济整体资源配置效率的重要途径。坚持市场导向，发挥市场在金融资源配置中的决定性作用是做好金融工作的重要原则，也是金融高效服务实体经济的关键。

提升金融资源配置效率，关键在于完善市场化的资金价格形成机制。以市场供求为基础、金融机构和融资主体公平竞争协商形成的市场化利率，对优化金融资源配置、减少经济结构扭曲等具有重要意义。近年来我国利率汇率市场化改革积极推进，但与实体经济发展的要求相比，还有一定距离。金融服务实体经济，要求继续深化市场化改革，更好发挥价格在金融资源配置中的信号作用，使得资金价格能够合理、灵敏、有效地反映市场供求关系，从而真正实现以市场化手段有效配置金融资源。

提升金融资源配置效率，重点在于畅通资金进入实体经济的渠道。金融服务实体经济是否到位，集中体现在资金能否顺畅地进入实体经济。如果这个渠道不畅，资金就容易在金融系统内部空转，产生脱实向虚现象，不断积聚金融风险。当前，渠道不畅问题突出表现在企业特别是民营企业、小微企业融资难融资贵。要完善金融

体系，通过深化改革有效打通资金从金融体系到实体经济的“最后一公里”，必要时创设更多直达实体经济的货币政策工具。同时，大力发展直接融资，打通社会资金向实体经济的直接融通渠道。

二、提升效率水平必须更好发挥政府作用

单纯依靠市场配置金融资源具有局限性。由于市场自身存在自发性、盲目性和滞后性，市场主体单纯追求自身经济利益最大化，可能与社会利益发生冲突。就金融而言，局限性主要表现在两个方面。一是金融本身具有顺周期性。金融活动通常与经济活动的扩张、收缩同向变化，在经济高速增长阶段，实体经济回报率较高，金融资源投入实体经济的积极性也随之提高；而在经济增速放缓阶段，实体经济回报率下降、风险增大，金融服务实体经济则动力不足。二是我国市场体制特别是金融体系不健全。金融市场化改革的很多任务还在推进过程中，金融市场在融资功能、融资结构、基础制度、市场监管等方面还不完善，单纯依靠市场难以实现资源优化配置。

解决发展不平衡不充分问题要求引导更多金融资源配置到重点领域和薄弱环节。我国社会的主要矛盾已经发生了历史性转化，要应对前进道路上的各种风险挑战，推动实现更加平衡更加充分的发展，满足人民群众日益增长的美好生活需要，必须充分调动包括金融资源在内的各种资源，加大对重大战略、重大规划和重大项目以

及先进制造业、小微企业、“三农”、精准扶贫、绿色发展等国民经济重点领域和薄弱环节的投入，引导金融在服务经济社会发展中创造价值和利润，实现经济价值和社会价值的统一。

我国社会主义制度的优势有利于更加集中有效地配置金融资源。集中力量办大事是中国特色社会主义制度的显著优势，在金融资源配置中也要充分发挥这一优势。要在发挥市场配置资源决定性作用的同时，更好发挥政府作用，通过财政、产业、区域、监管等政策的协调配合，发挥政策合力，引导金融资源优化配置，克服市场的局限性，更好支持实体经济健康发展。

第三节

优化结构是增强金融服务实体经济能力的关键举措

习近平总书记指出，优化结构，完善金融市场、金融机构、金融产品体系。要坚持质量优先，引导金融业发展同经济社会发展相协调，促进融资便利化、降低实体经济成本、提高资源配置效率、保障风险可控。[1]加快形成合理健康的金融结构是推进金融供给侧结构性改革的必然要求，也是增强金融服务实体经济能力的关键举措。

[1]《习近平在全国金融工作会议上强调 服务实体经济防控金融风险深化金融改革 促进经济和金融良性循环健康发展》，《人民日报》2017 年 7 月 16 日。

一、必须加快健全全方位多层次金融市场体系

全方位多层次的金融市场体系是提升金融服务实体经济能力的重要载体。金融市场是媒介交易、配置资源、发现价格、管理风险的重要平台，金融资源配置到实体经济的各个环节都需要通过金融市场实现。全方位多层次的金融市场体系，有利于资金盈余部门和资金短缺部门更快匹配，合理分散和转移风险，有效确定资金价格，提供合适的流动性支持，降低资金交易的搜寻成本和信息成本，从而更加精准有效地为实体经济服务。

全方位多层次的金融市场体系是发展阶段转换的客观要求。金融市场体系必然随着经济结构变化作出相应调整。在我国高速发展阶段，生产技术比较成熟，产业升级路径较为清晰，市场需求比较明确，现金流创造能力相对稳定，适合追求稳定回报、以机器设备土地厂房等为抵押品的债务型融资，从而形成了我国以间接融资为主体的融资结构，2019 年末我国间接融资余额约占全部社会融资余额的 70%。我国经济转向高质量发展阶段，进入转变发展方式、优化经济结构、转换增长动力的攻关期，经济发展将更多依靠创新驱动，传统的技术路线、市场需求、投资回报都发生了变化，特别是技术、知识、专利等企业“轻资产”比重明显提高，机器设备、厂房等传统企业“重资产”比重明显下降。传统的以债务型为主的融资供给难以适应融资需求的新变化，需要全方位多层次的金融市

场体系提供多元化的融资服务。

全方位多层次的金融市场体系重在补齐资本市场短板。要围绕提高对经济结构的适应性，优化金融市场结构，促进间接融资和直接融资协调发展。特别是要针对直接融资不足的问题，大力发展资本市场，提高股权融资比重。要按照“打造一个规范、透明、开放、有活力、有韧性的资本市场”的要求，完善资本市场基础性制度，以注册制改革带动资本市场全面深化改革，尽快形成融资功能完备、基础制度扎实、市场监管有效、投资者合法权益得到充分保护的多层次资本市场体系。

二、必须加快完善大中小机构协调发展的金融机构体系

经济高质量发展需要大中小机构协调发展的金融机构体系。我国经济转向高质量发展阶段，增长速度要从高速转向中高速，发展方式要从规模速度型转向质量效率型，经济结构调整要从增量扩能为主转向调整存量、做优增量并举，发展动力要从主要依靠资源和低成本劳动力等要素投入转向创新驱动，这些变化是经济向形态更高级、分工更优化、结构更合理的阶段演进的必经过程。在微观层面集中体现为从“大块头”企业占据主导的局面更多转向活跃度更高的民营企业和小微企业遍地开花，尤其是“小而美”的创新创业创造企业不断涌现。这就需要推进大中小金融机构协调发展，更加注重发展专注服务民营企业和小微企业的中小金融机构。

大银行主导和金融机构同质化经营是中小微企业融资难的重要原因之一。一方面，银行在我国的金融机构体系中占主导地位。受制于服务成本、信息不对称等因素，这种大银行主导的金融机构体系很难为量大面广的中小微企业提供充分的金融服务。另一方面，金融机构经营同质化问题突出。商业银行普遍倾向于“垒大户”，热衷于“上规模”，风险定价水平有待提高，深耕细作服务中小微企业的能力不足。此外，部分非银行金融机构实际上从事的是影子银行业务，与商业银行服务的差异化不足，没有形成良好的错位竞争，难以满足中小微企业融资需求。

要聚焦中小微企业融资难题完善金融机构体系。构建多层次、广覆盖、有差异的银行体系，增加中小金融机构数量和业务比重，改进中小微企业和三农金融服务。引导大银行服务重心下沉，推动城商行、农商行、农信社等中小金融机构回归本源，聚焦主业。改革和完善金融机构监管考核和内部激励机制，把银行业绩考核同支持中小微企业发展挂钩，解决不敢贷、不愿贷的问题。扩大金融市场准入，拓宽民营企业融资途径，更好发挥民营银行、小额贷款公司、创业投资、股权和债券等融资渠道作用。

三、必须加快构建创新性、差异化的金融产品体系

提供更具创新性、差异化的金融产品和服务是经济高质量发展对金融体系提出的客观要求。随着我国经济结构加快转型升级，新

技术、新产业、新业态层出不穷，新动能不断释放，新经济蓬勃发展，与之匹配的新型个性化融资需求日益强烈。同时，人民群众的财富不断累积，储蓄等传统单一金融产品已经很难满足需要，多样化的理财需求越来越迫切。这些都需要创新性、差异化的金融产品和服务予以满足。

当前金融产品和服务的供给与实体经济发展的需求、人民群众的需求相比还存在一定差距。比如，一些新产业的前期技术研发需要大量资金支持，传统产业转型升级有更多兼并重组的需求，为此量身定做的金融产品和服务不足。再如，在国际经济不确定性增大的背景下，走出去企业对在复杂环境中锁定风险的需求迫切，但针对行业特点设计的金融产品不够丰富。又如，人民群众的财富积累催生出资产多元化配置需求，但针对个人和家庭的财富管理产品还比较匮乏。根据人民银行《2019 年中国城镇居民家庭资产负债情况调查》报告，受调查家庭中，金融资产仅占家庭资产的 20.4%，比美国低 22.1 个百分点；城镇居民家庭金融资产构成中，现金及活期存款、银行定期存款占比分别为 16.7% 和 22.4%，银行理财、资管产品、信托占比 26.6%，保险产品占比 6.6%，股票、基金、债券占比分别为 6.4%、3.5% 和 1.2%。

金融业必须立足满足实体经济和人民群众不断增长的各类需要，更加注重以客户需求为导向、以服务创造价值。要根据经济发展需要，以及企业融资和风险管理、居民资产配置等需求的动态变化，以创新性、差异化的现代金融产品和服务体系，为企业提供精准化、定制化服务，为居民提供更多财富保值增值渠道。要积极开发支持战略性新兴产业、先进制造业和科技创新的金融产品，加大对新经济的研究和相关金融产品设计。要充分利用大数据、区块链、人工智能等现代信息技术，加大民营企业和小微企业金融产品创新，降低金融产品设计、运营成本，满足普惠性金融需求，提高金融产品的可得性。要针对居民在现代服务领域的新型消费需求，丰富金融产品供给。

第四节

改革开放是增强金融服务实体经济能力的根本动力

习近平总书记指出，改革开放是党和人民大踏步赶上时代的重要法宝，是坚持和发展中国特色社会主义的必由之路，是决定当代中国命运的关键一招，也是决定实现“两个一百年”奋斗目标、实现中华民族伟大复兴的关键一招[1]。无论是进一步提升金融服务质量水平，还是有效防范化解金融风险，都需要不断深化金融改革开放。

[1]《在庆祝改革开放 40 周年大会上的讲话》，《人民日报》2018 年 12 月 19 日。

一、我国金融服务实体经济发展过程始终贯穿着改革开放

金融改革开放始终与金融服务实体经济相伴相生，并为金融发展提供源源不断的动力。我国金融发展不同历史阶段曾面临的种种矛盾和问题，最终都是依靠改革开放成功化解。可以说，金融发展史就是一部金融改革开放史。

改革开放以来，金融领域适应建立和完善社会主义市场经济体制的要求，因时因势持续深化改革开放。比如，为解决金融机构单一、融资功能僵化问题，剥离人民银行信贷业务，重建工、农、中、建、交为主体的商业银行体系，组建保险、证券、信托公司和城市信用合作社等，基本建立功能齐备的金融机构体系。为解决直接融资渠道问题，允许发行企业债券，先后设立上海证券交易所和深圳证券交易所，建立和完善资本市场。针对金融支持国家重大战略力度不足问题，组建国家开发银行、中国农业发展银行和中国进出口银行。为适应外贸外资发展需要，先后取消外汇留成上缴和强制结售汇制度，实现经常项目完全可兑换，建立外债管理和合格机构投资者制度，等等。

党的十八大以来，我国金融改革开放继续稳健前行，为经济平稳健康发展提供了有力支撑。利率市场化改革持续深化，资本项目可兑换程度稳步提高，人民币汇率弹性不断增强，多层次资本市场

体系建设有力推进，民营银行试点破冰，存款保险等制度不断建立健全。为适应更高水平对外开放需要，我国采取一系列措施稳步推进金融业双向开放，放宽银行、证券等领域外资持股比例限制，建立和完善境内外证券市场互联互通机制，推动人民币加入国际货币基金组织特别提款权货币篮子，发起设立亚洲基础设施投资银行，在国际金融治理中话语权进一步增强。这些成就都为下一步金融发展奠定了坚实基础。

二、进一步破解制约金融服务实体经济体制机制难题必须依靠改革开放

我国社会主要矛盾已经转化为人民日益增长的美好生活需要和不平衡不充分的发展之间的矛盾，金融要适应社会主要矛盾和经济发展阶段的历史性变化，必须坚持问题导向，继续通过深化改革开放不断解决已有的和新出现的各类矛盾和问题，有效服务实体经济，并实现自身的持续健康发展。

当前金融发展面临的根本性制约是体制机制问题，只有依靠改革才能破解。随着改革进入攻坚期和深水区，容易的、皆大欢喜的改革已经完成了，剩下的都是难啃的硬骨头，金融领域也是如此。比如，直接融资与间接融资结构不合理，信用贷款占比偏低，中小微企业融资难融资贵仍未缓解，资本市场基础性制度不健全，金融机构公司治理不完善，从根本上遏制金融脱实向虚的长效机制不健

全，等等。这些严重制约金融服务实体经济成效的问题背后，利益格局错综复杂，改革阻力不容低估。要解决这些问题，必须拿出敢于啃硬骨头、敢于涉险滩的勇气，冲破思想观念的障碍和利益固化的藩篱，持之以恒深化改革。

开放也是改革，要继续通过金融开放倒逼金融改革。当今世界，开放融通的潮流滚滚向前、不可逆转。我国已成为全球第二大经济体、第一大贸易国，实体经济已与全球深度融合，但金融开放相对滞后。中国开放的大门不会关闭，只会越开越大。随着开放水平的不断提升，我国金融体系自身存在的体制机制问题将显得更为突出，带来的风险隐患进一步增多，这就倒逼我们以更大的力度、更快的步伐推进金融改革。反过来，通过进一步深化金融改革强身健体，才能更自信、更有效地推进金融开放，敢于到世界市场的汪洋大海中去经风雨、见世面，增强自身能力。当然，与其他领域相比，金融有其特殊的专业性和敏感性，必须始终把维护国家金融安全摆在突出位置，坚持自主、有序、平等、安全的方针，稳步扩大金融业双向开放。

第五节

加强和改进金融监管是增强金融服务实体经济能力的基础保障

习近平总书记指出，要强化监管，提高防范化解金融风险能力。要加强金融监管协调、补齐监管短板。[1] 必须不断加强和改进金融监管，通过规范各种行为、打造健康生态为金融发展保驾护航，确保金融不偏离服务实体经济这一根本目标。

一、加强和改进金融监管是由金融业自身内在属性决定的

金融和风险始终相伴相生。金融是经营风险的行业，风险伴随

[1]《习近平在全国金融工作会议上强调 服务实体经济防控金融风险深化金融改革 促进经济和金融良性循环健康发展》，《人民日报》2017 年 7 月 16 日。

着资金融通的整个链条。金融市场信息不对称普遍存在，会导致风险难以有效转移和分散，并在局部积聚形成隐患。金融领域涉及面广，资金流、信息流交织，风险容易发生传播和扩散。面对经济周期波动和社会预期快速变化，市场风险、利益和诱惑同步增大，金融参与者行为的不确定性随之增强，系统性风险也会增加。金融系统也是多米诺骨牌效应最为明显的经济系统之一，任何金融机构失去兑付能力或者市场一旦对其形成无法兑付预期都会迅速产生连锁反应。

忽视监管必然会引起风险积聚爆发。近年来，我国金融综合经营不断发展，金融创新步伐加快，金融体系复杂性、关联性增强，在为实体经济提供更多金融产品和服务的同时，也产生了一定的金融风险和金融乱象。如不及时强化监管，风险和乱象就会愈演愈烈。以影子银行为例，由于监管规则和标准不统一，导致监管套利活动频繁；一些产品多层嵌套，风险底数不清，资金池模式蕴含流动性风险；加之影子银行与传统银行之间存在千丝万缕的联系，加剧了跨行业、跨市场传导的风险。因此，要时刻关注金融风险隐患，通过加强和改进监管识别和防范风险，既防“黑天鹅”，也防“灰犀牛”。

要实现有力有效监管，必须根据发展阶段和国情选择合适的监管体制。具体而言，既要与我国金融市场成熟度相适应，也要与金融经营体制相适应。每当金融创新先“迈出一步”，金融监管就要“紧跟一步”。在我国金融市场还不够健全的情况下，应较为审慎地对待金融创新，引导金融机构紧紧围绕服务实体经济适度创新，切实防止金融创新脱离实体经济“野蛮生长”。在当前我国仍以分业经营为主体的格局下，要在做好分业监管的同时，针对业务交叉领域加强监管合作，建立监管信息共享机制，对实施混业经营的金融控股集团开展有效的联合监管。

二、加强和改进金融监管必须坚持宏观审慎和微观审慎相结合

金融发展的新趋势对加强宏观审慎管理提出了更高要求。传统监管方式更加侧重对微观金融主体行为的监管，但越来越多的金融风险不再仅限于单个交易行为或单个金融机构，而是表现出跨机构、跨市场的特征。金融机构的顺周期行为会进一步加大金融体系的波动性，加之金融全球化的发展会使风险在全球范围的传递更为迅速和广泛，整个金融体系乃至经济体系出现震荡的风险大为增加。这就迫切需要强化宏观审慎管理，对整个金融业所面临的系统性风险加强监测和监管。

既有实践表明仅仅依赖微观审慎监管不足以防范系统性金融风险，尤其是2008年爆发的国际金融危机充分表明，以单个金融机构稳健经营为目标的微观审慎监管难以维护金融稳定。加强宏观审慎管理，构建宏观审慎管理与微观审慎监管协调配合的监管框架已经成为国际共识。国际金融危机之后，美国设立了金融稳定监督管

理委员会，加强美联储对系统重要性金融机构的监管权限，欧元区在欧洲中央银行设立了系统性风险监管委员会。我国也在充分吸收国际金融监管经验的基础上，结合自身金融体系特点，强化了人民银行的宏观审慎管理职能。

进一步完善我国金融监管体系，要坚持宏观审慎管理和微观审慎监管相结合、机构监管和功能监管相结合。既要巩固微观审慎监管成效，及时准确掌握金融机构的合规与风险暴露情况，控制个体金融机构或行业的风险；又要强化宏观审慎管理体系，关注全局性、系统性风险，加强系统重要性金融机构监管，着力平滑金融体系的顺周期波动，防范跨市场风险传染。要在促进微观审慎监管和宏观审慎管理动态、有效的互补和平衡中，确保实现防范化解系统性金融风险的目标。

第三章

党的十八大以来金融服务实体经济工作取得的积极成效

第一节

基本形成有力有效的金融调控体系

党的十八大以来，我国货币政策和宏观审慎政策双支柱调控框架逐步建立，利率汇率市场化改革深入推进，广义货币供应量（M2）和社会融资规模保持适度平稳增长，为推进供给侧结构性改革和经济高质量发展营造了良好的货币金融环境。截至 2019 年末，广义货币供应量（M2）余额为 198.7 万亿元，比 2012 年末增加 101.2 万亿元，年均增长 10.8%；社会融资规模存量为 251.3 万亿元，比 2013 年初增加 159.9 万亿元，年均增长 12.6%。

为中介目标的数量型货币政策调控框架。但随着金融市场不断发展、金融产品日益丰富，影响货币总量的因素更加复杂，M2的可测性、可控性以及与实体经济的相关性开始下降，数量型为主的货币政策调控框架的不足逐步显现。近年来，我国货币政策调控框架逐步从数量型为主向价格型为主转型，不断增强利率的调控和传导能力。

1. 逐步完善中央银行政策利率调控体系

一方面，初步构建利率走廊机制。利率走廊机制可以稳定商业银行预期，从而达到稳定利率的目的，同时也有助于提高货币政策透明度。我国已初步构建了以常备借贷便利（SLF）利率为上限、以超额准备金利率为下限的利率走廊机制。人民银行通过公开市场操作等方式，引导市场利率在合理区间内运行。另一方面，积极引导和调节中长期利率。由于金融机构自主定价能力相对不足，金融市场广度和深度仍需拓展，由短期利率向中长期利率的传导机制仍不够健全。人民银行通过创设中期借贷便利（MLF）等工具，在向金融机构提供中长期流动性的同时，适当引导和调节中长期市场利率。

2. 健全政策利率向市场利率的传导机制

人民银行先后于2013年、2014年推出贷款市场报价利率（LPR）和存款类机构间质押式回购利率（DR），并通过完善报价机制、强化报价形成的市场约束和监督管理等，不断提高市场基准利率的基准性和公信力。针对当前政策利率向市场利率传导的主要堵点，改革 LPR 形成机制，打破贷款利率隐性下限，进一步培育贷款利率市场化定价机制，疏通货币市场利率向贷款利率的传导，积极推动贷款利率“两轨合一轨”[1]。

（三）丰富和创新货币政策工具

实施好稳健的货币政策，关键要把握好“度”，主要体现为总量要合理，结构要优化，为供给侧结构性改革和高质量发展营造适宜的货币金融环境。近年来，人民银行综合运用并创新多种货币政策工具，保持了流动性合理充裕，有效发挥了结构性货币政策工具的精准滴灌作用。

1．完善流动性管理工具

优化存款准备金制度。自 2015 年 9 月 15 日起改革存款准备金考核制度，并不断调整优化存款准备金框架，逐步形成“三档两优”[2] 新框架，即根据金融机构系统重要性程度、机构性质、服务定位等，将存款准备金率设为高、中、低三个基准档，并在此基础

[1] 所谓利率“两轨”指的是存贷款基准利率和市场化无风险利率并存，客观上影响了货币政策的有效传导。推进贷款利率“两轨合一轨”，重点是进一步培育市场化贷款定价机制。

[2] 三档是指存款准备金框架分为大型商业银行（6 家大型国有商业银行）、中型商业银行（股份制银行、城商行、民营银行和外资银行）和服务县域的银行（农村商业银行和农村信用社）三个基本档，分别执行不同的存款准备金率。两优是指两项优惠政策：大型商业银行和中型商业银行可参与普惠金融定向降准政策考核，达到一定标准的机构可在相应基准档次上降低 0.5 个或 1.5 个百分点的存款准备金率要求。服务县域的银行用于当地贷款发放的资金达到其新增存款一定比例的，可在相应基准档次上降低 1 个百分点的存款准备金率要求。

上实行两项优惠政策，引导金融机构将更多信贷资源配置到小微企业和“三农”等普惠金融领域。2018 年至 2020 年上半年，共计 10 次下调存款准备金率，累计释放约 8 万亿元长期资金，为满足实体经济融资需求提供了有力支持。

不断完善流动性管理。在短期流动性管理方面，2016 年以来，公开市场逆回购操作常态化开展，并逐步丰富逆回购品种，增加了 14 天期、28 天期、2 个月期逆回购品种，通过灵活搭配开展操作，保持银行体系流动性基本稳定。此外，还创设常备借贷便利（SLF）、短期流动性调节工具（SLO）、临时流动性便利（TLF）和临时准备金动用安排（CRA）等政策工具，进一步增强了人民银行短期流动性管理能力。在中期流动性管理方面，2014 年 9 月，创设中期借贷便利（MLF）作为投放基础货币的政策工具，投放对象为符合宏观审慎管理要求的商业银行、政策性银行，期限为 3 ~ 12 个月。截至 2020 年 6 月末，MLF 余额为 3.55 万亿元，成为弥补银行中长期流动性缺口的重要渠道，为引导货币信贷和社会融资稳定增长发挥了积极作用。

2. 创新结构性货币政策工具

实施普惠金融定向降准政策。2017 年 9 月，人民银行推出普惠金融定向降准政策，主要用于单户授信 500 万元以下的小微企业贷款、个体工商户和小微企业主经营性贷款，以及农户生产经营、创业担保、建档立卡贫困人口、助学等贷款，并于 2019 年将考核标准调升为单户授信 1 000 万元以下。自 2018 年 1 月以来，先后 4

次实施普惠金融定向降准，累计释放长期资金约1.25万亿元，有效增加了中小银行服务实体经济特别是中小微企业的资金来源。

发挥再贷款再贴现政策工具作用。通过设立支小、支农、专项扶贫再贷款工具，增加再贷款、再贴现额度，引导金融机构加大对小微、“三农”、扶贫等国民经济薄弱环节的支持力度。截至2019年末，再贷款再贴现余额为1万亿元。2020年以来，为应对新冠肺炎疫情冲击，按照党中央、国务院部署，人民银行先后安排3 000亿元疫情防控专项再贷款、5 000亿元支农支小再贷款再贴现额度和1万亿元普惠性再贷款再贴现额度，充分发挥精准滴灌作用，强化对抗疫保供、复工复产和中小微企业的金融支持。据人民银行数据，截至2020年7月7日，3 000亿元专项再贷款和5 000亿元支农支小再贷款再贴现额度基本执行完毕；1万亿元普惠性再贷款再贴现额度中，地方法人银行累计发放3 747亿元，支持企业和农户66万户，户均贷款57万元。

创设抵押补充贷款（PSL）。2014年4月，人民银行创设PSL工具，为国家开发银行支持棚户区改造提供长期稳定、成本适当的资金来源。PSL通过质押方式发放，合格抵押品包括高等级债券资产和优质信贷资产，主要是对金融机构提供期限较长的大额融资，支持国民经济重点领域、薄弱环节和社会事业发展。经国务院批准，2015年10月起，将PSL的发放对象扩大为国家开发银行、农业发展银行和进出口银行，主要用于支持三家银行在棚户区改造、地下管廊、重点水利工程、“一带一路”等国民经济重点领域的信贷投放。2017 年 2 月，进一步完善 PSL 管理，明确由三家银行自主决定运用 PSL 资金发放贷款的适用范围。截至 2020 年 6 月末，PSL 余额为 3.51 万亿元。

创设定向中期借贷便利（TMLF）工具。2018 年 12 月，为加大对民营和小微企业支持力度，人民银行在中期借贷便利（MLF）的基础上创设 TMLF 工具，为支持实体经济力度大、符合宏观审慎管理要求的大型商业银行、股份制商业银行和大型城市商业银行提供更加精准的资金支持。TMLF 资金最长可使用三年，创设之初操作利率较 MLF 优惠 15 个基点。TMLF 金额与金融机构支持民营、小微企业力度挂钩，有利于撬动银行信贷支持实体经济薄弱环节。截至 2020 年 6 月末，TMLF 余额为 5 943 亿元。

（四）建立健全宏观审慎政策框架

传统央行政策框架以货币政策为核心，主要关注的是经济周期和货币政策。2008 年国际金融危机以来，国际社会更加关注金融周期的变化，各国央行认识到传统的单一调控框架存在明显缺陷，难以有效应对系统性金融风险，在一定程度上还可能产生资产泡沫，积聚金融风险。为此，需要健全宏观审慎政策框架，并与货币政策相互配合，更好地将币值稳定和金融稳定结合起来。我国较早开始了货币政策与宏观审慎政策相结合的探索和实践，2011 年即正式引入差别准备金动态调整机制，近年来不断完善宏观审慎政策框架。

1. 完善宏观审慎评估体系（MPA）

为完善宏观审慎政策框架，使之更有弹性、更全面、更有效地发挥逆周期调节作用和防范系统性风险，人民银行从2016年起将差别准备金动态调整机制“升级”为宏观审慎评估体系（MPA），从此前盯住狭义贷款转为对广义信贷实施宏观审慎管理，通过一整套评估指标，构建以逆周期调节为核心、依系统重要程度差别考量的宏观审慎评估体系。MPA从资本和杠杆、资产负债、流动性、定价行为、资产质量、跨境业务风险、信贷政策执行等七大方面对金融机构行为进行多维度评价，引导金融机构审慎经营。

近年来，根据MPA实施情况及宏观调控需要，人民银行对指标构成、权重、相关参数等不断加以改进和完善。例如，根据资金跨境流动和跨境业务的新形势，将原有“外债风险情况”扩充为“跨境业务风险”，并相应增加了有关分项指标，以加强风险监测和防范。再如，加大对金融机构支持实体经济的考核力度，增设制造业中长期贷款和信用贷款指标，调整优化民营和小微企业融资考核指标，促进金融机构优化信贷结构，加大对国民经济重点领域和薄弱环节支持力度。

2. 完善跨境资本流动宏观审慎管理

近年来，国际资本的跨境流动日益成为全球经济新的不稳定因素，并在宏观层面对我国汇率体系和金融稳定产生影响。2015年以来，针对市场主体过度加杠杆融资和跨境资金热衷短期炒作的问题，我国逐步建立了跨境资本流动宏观审慎管理政策框架。

2015年8月起，对银行远期售汇采取了宏观审慎管理措施，要求金融机构按其远期售汇签约额的20%缴存外汇风险准备金，抑制市场主体投机行为，防范外汇市场风险。2016年1月25日起，对境外金融机构在境内金融机构存款执行正常存款准备金率，建立了对跨境人民币资金流动进行逆周期调节的长效机制，有助于抑制跨境人民币资金流动的顺周期行为。2016年4月29日起，在全国范围内实施本外币一体化的全口径融资宏观审慎管理，将市场主体借债空间与其资本实力和偿债能力挂钩，通过调节宏观审慎参数使跨境融资水平与宏观经济热度、整体偿债能力和国际收支状况相适应，对跨境融资实施逆周期管理。2017年9月起，在人民币对美元持续升值背景下，将外汇风险准备金征收比例由20%降为零，发挥了逆周期调节资本流动、稳定人民币汇率的作用。

此外，持续加强房地产市场宏观审慎管理，形成了以因城施策差别化住房信贷政策为主要内容的住房金融宏观审慎政策框架，较好地适应了我国房地产市场发展需要，对于维护房地产市场稳定发挥了重要作用。

二、稳步推进利率汇率市场化改革

（一）推动利率市场化改革实现重大突破

党的十八大以来，按照“先贷款后存款、先大额后小额、先外币后本币”的思路，稳步推进利率市场化，着力完善市场化的利率调控传导机制，给予金融机构更大利率定价自主权，市场在资源配置中的决定性作用得到进一步发挥。

1. 放开存贷款利率管制

贷款利率管制全面放开。2013年7月20日，全面放开金融机构贷款利率管制，取消金融机构贷款利率0.7倍的下限，由金融机构根据商业原则自主确定贷款利率水平；取消贴现利率管制，由金融机构自主确定；对农村信用社贷款利率不再设立上限。

存款利率管制基本放开。2014年11月22日和2015年3月1日、5月11日，将存款利率浮动区间的上限由基准利率的1.1倍逐步扩大至1.2倍、1.3倍和1.5倍。2015年8月26日，完全放开金融机构一年以上（不含一年）定期存款利率浮动上限。2015年10月24日，对商业银行和农村合作金融机构等不再设置存款利率浮动上限，金融机构可按照商业原则自主协商确定各类金融产品定价。

外币存贷款利率实现市场化。本世纪初我国已放开外币贷款利率和外币大额存款利率。2014年3月1日，在上海自贸区试点放开小额外币存款利率上限。2015年5月11日，在全国范围内放开金融机构小额外币存款利率浮动区间上限，小额外币存款利率由金融机构根据商业原则自主确定。至此，我国境内的外币存贷款利率均已实现了市场化。

2. 开展贷款市场报价利率（LPR）改革

人民银行自2013年10月25日起建立了LPR集中报价和发布机制，但受银行贷款定价惯性等因素影响，LPR与贷款基准利率保持相对固定的利差，市场化程度较低。2019年8月17日，人民银行改革完善LPR形成机制，在报价原则、形成方式、期限品种、报价行、报价频率和运用要求六个方面对LPR进行改革。

LPR改革后，由报价行根据自身对最优客户实际发放贷款的利率水平，在中期借贷便利（MLF）利率基础上加点报价。MLF利率由市场化招标形成，反映了银行平均的边际资金成本，LPR在MLF利率上加点形成，市场化程度明显提升。LPR改革后，货币政策利率向贷款利率的传导效率进一步提升，贷款利率隐性下限已完全被打破，市场化形成的LPR逐渐取代贷款基准利率成为商业银行内部资金转移定价（FTP）的主要参考基准。按照“先增量、后存量”的顺序推动LPR运用，2019年12月末，新发放贷款中运用LPR定价的占比已超过90%，存量浮动利率贷款定价基准转换于2020年3月1日启动。

改革推动了企业贷款利率下行。2020年6月，一般贷款（不含个人住房贷款）利率为5.26%，较LPR改革前的2019年7月下降0.84个百分点。随着贷款市场利率整体下行，银行发放贷款收益降低，倒逼银行降低负债端成本，从而引导存款利率下行。从实际情况看，部分银行主动下调了存款利率，市场化定价的货币市场基金等类存款产品利率相应有所下行，也促进了存款利率与市场利率逐步接轨。

（二）稳步推进汇率市场化改革

近年来，我国不断完善以市场供求为基础、参考一篮子货币进行调节的汇率形成机制，取得了显著成效。人民币兑美元汇率波动幅度远小于其他主要经济体和新兴市场经济体货币，在合理均衡水平上保持了基本稳定。外汇市场交易量稳步上升，2019 年交易规模已达 29 万亿美元，较 2014 年增长约 2.3 倍。同时，汇率市场化改革为宏观调控创造了有利条件，在促进国际收支基本平衡、支持国民经济保持平稳健康发展、应对国内外复杂形势变化等方面发挥了重要作用。

1. 扩大人民币对美元汇率的浮动区间

2012 年 4 月 16 日，将银行间即期外汇市场人民币兑美元交易价日浮动幅度从中间价上下 0.5% 扩大至 1%；将外汇指定银行为客户提供当日美元最高现汇卖出价与最低现汇买入价之差不得超过当日汇率中间价的幅度由 1% 扩大至 2%。2014 年 3 月 17 日，将银行间即期外汇市场人民币兑美元交易价日浮动幅度从中间价上下 1% 扩大至 2%。2014 年 7 月，取消了银行对客户美元挂牌汇率浮动区间限制。

2. 优化人民币对美元中间价定价机制

随着外汇市场对外开放水平的不断提高，金融机构自主定价和风险管理能力不断增强，2015 年 8 月 11 日，进一步完善人民币对美元汇率中间价报价机制，做市商提供的中间价报价要参考上日银行间外汇市场收盘汇率，并结合上日国际主要货币汇率变化以及外汇供求情况进行微调，以反映市场供求变化。此后，人民币汇率受市场供求影响明显加大，市场预期出现分化，基本实现双向波动。

3．人民币定价参考一篮子货币进行调节管理

2015 年 12 月，发布人民币汇率指数，引导市场将观察人民币汇率的视角由双边汇率转变为有效汇率，加大参考一篮子货币力度，以更好地保持人民币对一篮子货币汇率基本稳定。2016 年 2 月，明确“收盘汇率 + 一篮子货币汇率变化”的人民币对美元的汇率中间价形成机制。这一机制较好地兼顾了市场供求指向、保持对一篮子货币基本稳定和稳定市场预期三者之间的平衡，在提高汇率弹性方面发挥了重要作用。2016 年 6 月，成立外汇市场自律机制，以更好发挥金融机构在维护外汇市场运行秩序和公平竞争环境方面的作用。

4．在汇率中间价定价机制中引入“逆周期因子”

2017 年 5 月，进一步优化人民币对美元汇率中间价报价模型，在“收盘汇率 + 一篮子货币汇率变化”基础上引入了“逆周期因子”，以对冲外汇市场的顺周期波动，使中间价能更加充分地反映宏观经济等基本面因素。这一新的定价机制表明，有管理的浮动汇率制度在浮动和管理两个方面形成了新的平衡，有利于保持人民币汇率在合理均衡水平上的基本稳定。

第二节

基本建立较为完整的市场化金融机构体系

党的十八大以来，我国金融机构改革取得重大进展，多层次、广覆盖、有差异的银行体系逐步形成，非银行金融机构金融服务更加多元化，现代金融企业制度不断完善，金融机构资产质量、经营效益持续提升，服务实体经济能力显著增强。截至 2019 年末，金融机构人民币各项贷款余额 153.1 万亿元，比 2012 年末增加 90.1 万亿元，年均增长 13.5%。其中，普惠小微贷款余额 11.6 万亿元，2017—2019 年年均增长 20% 左右。2019 年，保险业为全社会提供保险金额约 6 470 万亿元，赔付和给付支出 1.29 万亿元，有效发挥了风险保障功能。

一、初步形成多层次、广覆盖、有差异的银行体系

（一）大型国有商业银行下沉服务重心

大型国有商业银行在我国金融业中占据主导地位。中国工商银行、中国农业银行、中国银行、中国建设银行、交通银行五家国有商业银行在完成股改上市后，公司治理、资产质量和经营绩效不断优化，全球影响力不断提升。中国工商银行、中国农业银行、中国银行、中国建设银行入选全球前十大银行和全球系统重要性金融机构。2019 年，邮储银行成功在 A 股上市，成为定位于服务社区、服务中小企业、服务“三农”的大型国有商业银行。

近年来，大型国有商业银行在服务好大中型客户的基础上，针对普惠金融供给不足的问题，下沉服务重心，优化业务体系、机构网点和产品服务，加快应用数字技术，服务小微企业能力持续增强。工农中建交五家国有大型商业银行在总行和一级分行成立普惠金融事业部，在单列信贷计划、授信尽职免责、内部考核激励、内部资金优惠等方面对普惠金融重点领域服务实施差异化激励。截至 2019 年末，工农中建交和邮储六家大型商业银行普惠型小微企业贷款余额为 3.26 万亿元，占银行业普惠型小微贷款余额的 27.9%，为缓解民营和小微企业融资难题发挥了积极作用。

（二）政策性银行服务国家重大战略成效显著

国家开发银行、中国进出口银行、中国农业发展银行立足于政策性职能定位，围绕国家战略要求服务经济社会发展，加强资本约束、公司治理、内部控制和激励约束等机制建设，改革取得实质性进展，服务国家战略作用更加凸显。2016—2019年，国家开发银行累计向实体经济提供融资16.5万亿元，易地扶贫搬迁贷款惠及911万建档立卡贫困人口，棚户区改造贷款帮助2 000多万棚户区居民出棚进楼，支持建设高速公路1.6万公里、高速铁路超过1万公里。2019年末，中国进出口银行支持“一带一路”贷款余额超过1.6万亿元，小微转贷业务实现国内分行全覆盖，服务企业过万户。中国农业发展银行粮棉油贷款余额超过1.9万亿元，有力支持了“三农”发展。

（三）中小银行进一步向普惠金融聚焦发力

截至2019年末，我国股份制银行、城市商业银行、农村商业银行和农村信用社等中小银行数量有4 000多家，资产总额约占银行业的54%，是我国银行体系的重要组成部分。长期以来，中小银行在支持地方经济发展，服务民营企业、小微企业、“三农”等方面发挥着不可替代的作用。截至2019年末，中小银行普惠小微贷款余额为8.22万亿元，占银行业普惠小微贷款余额的70.5%。近三年来，按照党中央关于打好防范化解金融风险攻坚战工作部署，中小银行深化改革，强化社区和县域金融服务，公司治理、经营管理、抵御风险能力等均有了比较明显的改善。2020 年 5 月，国务院金融委办公室宣布将出台《中小银行深化改革和补充资本工作方案》，进一步推动中小银行深化改革、加快补充资本，提高中小银行稳健经营和服务实体经济能力。

农村信用社是我国县域金融主力军。随着县域经济和新型城镇化、农业现代化发展，现行农村信用社体制机制不适应新形势的问题日益突出。2016 年至 2018 年，中央一号文件连续三年对农村信用社改革提出要求。在总结前期试点经验基础上，2020 年 5 月，银保监会出台《深化农村信用社改革实施意见》，提出在保持县域法人地位总体稳定的基础上，统筹推进省联社改革、农村信用社县域法人改革和部分机构风险化解工作，明确农村信用社应立足于当地，服务好小微、"三农"。

（四）民营银行实现常态化设立和稳妥有序发展

民营银行是我国银行体系的重要补充。2014 年首批民营银行试点方案出台，截至 2019 年末，银保监会共批复筹建了 19 家民营银行。民营银行准确把握经济社会发展机遇，突出有别于传统银行的发展特色，建立差异化的市场定位和特定战略，与现有银行实现错位竞争，互补发展。同时，聚焦中小微企业、"三农"和社区、大众创业、万众创新等薄弱领域金融服务，加强各类创新探索，推进降低融资门槛，扩大金融服务覆盖面，切实提升服务实体经济质效，取得明显进展。据银保监会统计，截至2019年末，民营银行不良贷款率1%，拨备覆盖率391.12%，资本充足率15.15%，净息差3.74%，均为银行业优良水平。

二、积极发挥非银行金融机构特色优势

（一）保险的风险保障功能进一步发挥

保险是市场经济条件下风险管理的基本手段，是现代经济的“减震器”和社会“稳定器”。党的十八大以来，保险业转型与改革扎实推进，坚持“保险姓保”原则，回归本源、做强主业、专业化经营。目前，我国已经成为亚洲第一、全球第二大保险市场，保险业总资产从2013年的8.3万亿元，增长到2019年的20.6万亿元，年均增长21.2%。

保险业风险保障功能有效发挥。2019年保险业为全社会提供保险金额约6 470万亿元，赔付和给付支出1.29万亿元。截至2020年5月底，中国出口信用保险公司已累计服务小微企业超过14万家，支持企业出口超过4 200亿美元，向超过1万家小微企业支付赔款9.1亿美元，有力支撑外贸企业应对海外风险。此外，保险资金对实体经济支持力度逐步加大，截至2020年一季度末，保险行业通过投资债权、股权等方式，累计为实体经济融资16.6万亿元。

（二）信托公司规范发展

信托投资横跨货币市场、资本市场和实业部门，在服务实体经济方面具有服务领域广、服务规模大、服务手段多等特点。近年来，在监管“去杠杆、去通道、减嵌套”等政策导向下，信托公司收缩通道业务，提升主动管理能力，进一步优化业务结构。从资金投向看，截至2019年三季度末，全行业直接投向工商企业、基础设施等实体经济领域的信托资产余额为13.25万亿元，占全部信托资产余额的60%，较2017年末提高接近7个百分点。信托服务实体经济方式不断拓宽，除信托贷款外，信托公司还通过股权投资、投贷联动、资产证券化等方式为小微企业、民营企业提供投融资支持。

（三）证券期货经营机构稳步发展

证券期货作为金融中介，在满足居民财富管理需求、构建多层次金融服务市场、服务实体经济等方面发挥了重要作用。近年来，证监会相继修改《证券公司分类监管规定》和《期货公司分类监管规定》，优化证券期货经营机构分类监管制度，增强风险管理能力，引导证券期货机构差异化、特色化发展，提升核心竞争力。在监管部门推动下，证券期货行业产品结构、投资融资、并购重组、资产管理、监管执法等方面的制度规范进一步完善，行业服务覆盖面进一步拓宽，价格发现、套期保值等基础功能逐步完备，规模不断壮大，服务实体经济能力稳步提升。大连商品交易所、郑州商品交易所、上海期货交易所年交易量均位居世界前十位。截至2019年末，我国已上市70多个期货期权品种，涵盖了农产品、铁矿石、有色金属、原油等重要大宗商品，已有4个品种直接向国际投资者开放交易，初步形成了商品金融、期货期权、场内场外、境内境外协同发展的局面，期货价格国际影响力不断提升。

此外，小贷公司、融资租赁、融资担保等非银行金融机构作为金融体系的重要补充，充分发挥自身业务特色优势，在满足多样化的金融需求、提升服务实体经济质效等方面也发挥了积极作用。

三、加快建设现代金融企业制度

（一）金融机构公司治理改革稳步推进

普遍建立了以股东大会、董事会、监事会和高级管理层为主体的公司治理组织架构，“三会一层”各司其职、有效制衡、协调运作的公司治理结构初步形成。公司治理机制趋向规范，董事会地位和职能得到强化，董事、监事和高管人员的履职评价和激励约束机制初步形成。国有控股金融机构在公司章程中明确了党组织在公司治理中的地位，并通过“双向进入、交叉任职”、党内监督与企业内控结合等机制安排，确保党组织真正发挥把方向、管大局、保落实的作用。

（二）金融机构股权管理制度逐步完善

银行、保险、证券行业股权管理办法相继出台，实现主要金融机构全覆盖，为健全金融机构公司治理机制打下坚实基础。国有大型金融机构通过股份制改造、引入战略投资者和境内外上市等多种途径，引入社会资本，推动形成由国有股东、机构投资者和社会大众共同持股的多元化股权结构。股份制银行、城商行、农商行的股权结构也逐步多元化。截至 2020 年 6 月末，境外商业银行在我国设立 41 家外资法人银行和 115 家外国银行分行；保险公司民营资本占比达到 49%，外资保险公司数量占行业总数约 27%。

（三）金融综合经营和产融结合规范发展

近年来，少数非金融企业通过金融控股公司的方式盲目向金融业扩张，将金融机构作为“提款机”，风险不断累积和暴露。为促进金融控股公司健康发展，人民银行选取了招商局集团、上海国际集团、北京金控集团、蚂蚁金服、苏宁云商集团五家机构作为模拟监管试点。在试点基础上，人民银行正会同相关部门研究制定《金融控股公司监督管理试行办法》，拟建立金融控股公司监管制度，补齐监管制度短板，对金融控股公司的资本、行为及风险进行全面、持续和穿透监管。

（四）国有金融资本管理改革取得突破性进展

国有金融资本是推进国家现代化、维护国家金融安全的重要保障，是党和国家事业发展的重要物质基础和政治基础。2018年6月，中共中央、国务院印发《关于完善国有金融资本管理的指导意见》，提出了建立健全国有金融资本管理的“四梁八柱”，为完善国有金融资本管理指明了方向。2019年11月，国务院办公厅印发《国有金融资本出资人职责暂行规定》，坚持“以管资本为主”、市场化和审慎性原则，对国有金融资本出资人职责有关事项进行了明确。目前，财政部正研究起草《国有金融资本管理条例》，拟进一步规范财政部门、金融管理部门、金融机构在国有金融资本管理过程中各自负有的权利和义务。通过完善国有金融资本管理体制，国有金融资本的活力、控制力、影响力和抗风险能力显著增强，服务实体经济能力不断提高。

四、不断完善金融机构服务重点领域和薄弱环节的政策支持体系

（一）加大重大区域发展战略金融支持力度

1．金融支持京津冀协同发展

国家发展改革委、银保监会等部门指导金融机构加大对三地在

生态环境保护合作、交通体系建设、高端产业对接、社会服务共建共享等领域的资金支持力度。督促当地银行业金融机构优先发展绿色信贷，严控“两高一剩”行业授信，加大落后产能淘汰力度，优化三地产业结构；引导当地银行以支持大气污染联防联控为重点，加强防护林建设、水资源保护、水环境治理、清洁能源使用等领域的资金支持。津冀两地的区域性股权市场积极为天津市、河北省挂牌企业的融资、股权转让提供服务，有效拓宽了中小企业的融资渠道。金融业为促进京津冀产业合理转移和重新布局、疏解北京非首都功能发挥了重要作用。

2. 金融支持长三角一体化发展

2020年2月，人民银行、银保监会、证监会、国家外汇局、上海市政府联合印发《关于进一步加快上海国际金融中心建设和金融支持长三角一体化发展的意见》，围绕金融支持长三角一体化发展推出了一系列具体措施。支持长三角G60科创走廊[1]先进制造业高质量发展。2019年11月8日，由人民银行上海总部倡议推动、G60科创走廊九城市与有关金融机构共同研究形成的《金融支持长三角G60科创走廊先进制造业高质量发展综合服务方案》正式发布，聚焦长三角G60科创走廊重大科技创新及研发项目，中国工商银行等12家金融机构与G60联席

[1] G60科创走廊包括上海、嘉兴、杭州、金华、苏州、湖州、宣城、芜湖和合肥九个城市，是推动长三角高质量一体化发展的重要引擎。

办就方案落实签署合作协议。稳步推进长三角地区信用体系建设，优化融资环境，大力发展“信易贷”，有效改善小微企业融资环境。

3. 金融支持长江经济带发展

推动长江经济带发展战略提出以来，有关部门大力推动银行保险机构支持长江生态环境保护，鼓励金融机构为综合立体交通走廊等基础设施建设、产业转型升级、新型城镇化建设等提供优质金融服务。引导银行保险机构以绿水青山就是金山银山的理念为统领，提升生态产品价值发现、评估及实现能力，创新发展绿色金融。金融机构结合项目特点和地区发展实际，创新运用信贷、股权、债权等方式，为资金需求量大、投资回收期长、社会公益性强的重大项目提供金融支持。截至 2019 年末，国家开发银行、中国农业发展银行支持长江经济带绿色发展领域贷款余额分别为 3 849 亿元和 1 770 亿元，比上年分别增长 46% 和 186%。截至 2019 年末，保险机构发起设立各类投资计划支持长江经济带发展的资金规模超过 6 000 亿元。

4. 金融支持东北振兴

近年来，有关部门出台一系列支持政策，积极引导金融资源向东北地区实体经济领域高效配置，促进传统产业转型升级，并引导金融机构创新金融产品和服务，大力支持智能机床、工业机器人、航空航天业发展壮大，打造东北经济发展“新名片”。2018 年 1 月，40 余家金融机构成立东北振兴金融合作机制，积极探索以金融合作助力东北振兴的新模式、新路径，开展金融振兴系列行动，改善东北地区金融环境。推动各方有序化解东北特钢等大型企业债务风险，东北地区金融生态环境逐步改善。

（二）加大普惠金融支持力度

1．小微企业金融服务持续优化

加强普惠金融发展的顶层设计。2015 年 12 月，国务院印发《推进普惠金融发展规划（2016—2020 年）》。作为我国首个发展普惠金融的国家级战略规划，确立了推进普惠金融发展的指导思想、基本原则和发展目标，从普惠金融服务机构、产品创新、基础设施、法律法规和教育宣传等方面提出了一系列政策措施和保障手段，对推进普惠金融实施、加强领导协调、试点示范工程等方面作出了相关安排。2018 年 1 月，新修订的《中华人民共和国中小企业促进法》正式实施。其中，第十七条规定，“国家推进和支持普惠金融体系建设，推动中小银行、非存款类放贷机构和互联网金融有序健康发展，引导银行业金融机构向县域和乡镇等小型微型企业金融服务薄弱地区延伸网点和业务。国有大型商业银行应当设立普惠金融机构，为小型微型企业提供金融服务。国家推动其他银行业金融机构设立小型微型企业金融服务专营机构，地区性中小银行应当积极为其所在地的小型微型企业提供金融服务，促进实体经济发展”。这对我国普惠金融体系建设提出了明确要求。

强化金融监管考核导向。2018 年 3 月，将对银行业小微企业金融服务的考核从“三个不低于”[1]改为“两增两控”[2]，引导银行加大对小微企业支持力度。2019年3月，将普惠型小微企业贷款不良率容忍度进一步放宽至不高于各项贷款不良率3个百分点。2020年4月，建立健全商业银行小微企业金融服务监管评价体系，构建监管考核长效机制，促进实现小微企业金融服务高质量可持续发展。2019年《政府工作报告》要求，大型商业银行普惠小微贷款增速不低于30%；2020年《政府工作报告》进一步要求增速不低于40%，大型商业银行普惠金融“头雁”作用进一步发挥。

健全政策性融资担保体系。2017年10月，《融资担保公司监督管理条例》正式施行，进一步规范了融资担保公司经营行为，促进融资担保行业稳健运行，更好支持普惠金融发展。近年来，融资担保行业在“减量提质”的过程中，普惠金融作用日益加强。据银保监会数据，截至2019年末，小微企业融资担保在保余额1.18万亿元，较上年增长6.6%；在保户数逾87万户，较上年增长70.4%。与此同时，以国家融资担保基金为引领，逐步构建多层次的政策性融资担保体系。2018年7月，国家融资担保基金正式成立，填补了政府性融资担保体系的关键一环。截至2019年末，国家融资担保基金累计完成再担保业务规模2 745亿元，担保户数16万户；其中确定支小支农担保业务规模占比超过95%。

---

[1]“三个不低于”是指小微企业贷款增速不低于各项贷款平均增速，小微企业贷款户数不低于上年同期户数，小微企业申贷获得率不低于上年同期水平。

[2]“两增两控”是指融资总量明显增长，户数明显增加，贷款质量和综合成本得到有效控制。

加大财税政策支持力度。对金融机构符合条件的普惠金融领域有关贷款阶段性免征增值税、印花税，减征企业所得税，延续有关准备金税前扣除政策。2018 年 9 月至 2020 年底，将符合条件的金融机构向小型企业、微型企业及个体工商户发放贷款取得利息免征增值税的政策适用口径统一提高至单户授信 1 000 万元。2019 年起，进一步加大创业担保贷款支持创业和吸纳就业力度，将符合条件的个人最高可申请创业担保贷款额度由 15 万元提高至 20 万元，并降低贷款门槛。2019 年至 2021 年开展财政支持深化民营和小微企业金融服务综合改革试点城市工作，中央财政通过普惠金融发展专项资金，每年安排约 20 亿元资金支持试点城市因地制宜完善融资担保资金补充和信贷风险补偿机制。

推进普惠金融改革试点。2016 年，国务院相继批准浙江台州、河南兰考作为普惠金融区域改革的试点。经过多年努力，普惠金融改革试点取得了丰硕成果。比如，浙江台州围绕服务好民营小微企业，通过“两平台一基金”[1]为小微企业获得融资增信，同时创新“三品三表”[2]风险评估方式，有效缓解了民营小微企业融资难、融资贵问题。截至 2019 年 8 月，台州市商业银行民营小微企

[1] “两平台一基金”是指金融服务信用信息平台、商标专用权融资质押平台和小微企业信用保证基金。

[2] “三品三表”是指人品、产品、抵押品以及电表、水表、出口海关报表，用来交叉验证小微企业生产情况、销售情况是否良好。

业贷款余额占到全部贷款余额的将近一半，不良率低于全部贷款平均不良率。再如，河南兰考充分利用数字技术实现线上和线下有机结合，达到降成本、促竞争和有效改善金融展业环境的目的，农户贷款和小微企业贷款利率呈现逐年下降态势，农户获贷率大幅提高。

通过综合施策，近年来普惠小微贷款实现“量增、面扩、价降”（见图 3-2）。截至 2020 年 6 月末，普惠小微贷款余额 13.5 万亿元，同比增长 26.5%；支持小微经营主体 2 964 万户，同比增长 21.8%。2019 年工农中建交五家大型商业银行新发放小微企业贷款平均利率为 4.7%，同比下降 0.74 个百分点。

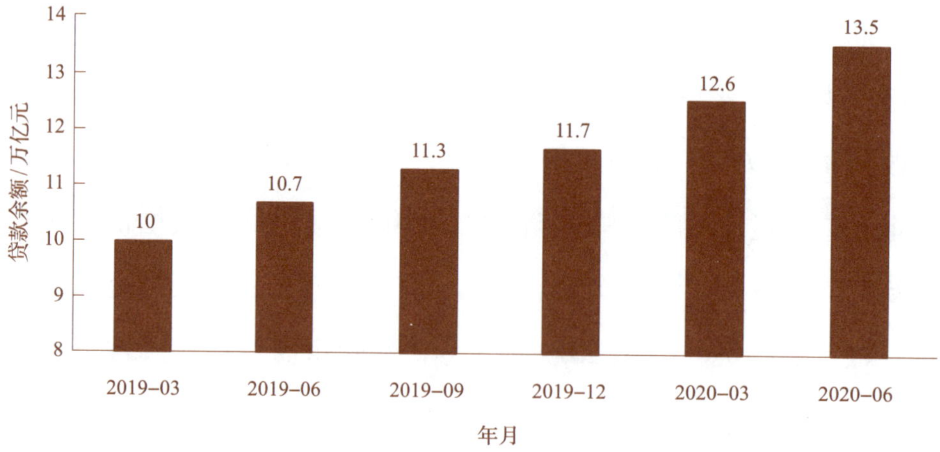

图 3-2　2019 年以来普惠型小微企业贷款余额

资料来源：银保监会网站。

>> 专栏 3-1

深入开展“信易贷”工作

“信易贷”是指运用大数据、云计算等金融科技手段，归集整合各类信用信息，提高金融机构对中小微企业信用风险评价精准度，让中小微企业更便捷、更低成本地获得信用贷款。按照党中央、国务院决策部署，国家发展改革委会同有关部门、金融机构和第三方机构深入开展“信易贷”工作，建成运行全国中小企业融资综合信用服务平台，充分发挥信用信息应用价值，加大对守信主体的融资支持力度，提高金融服务实体经济质效，为疏通资金直达渠道、发展普惠金融探索出一条新路。

国家发展改革委会同相关部门扎实推进“信易贷”工作，初步构建了满足中小企业融资需求的“信易贷”框架体系和运作模式。一是基本构建完备的“信易贷”政策标准体系。印发实施《关于深入开展“信易贷”支持中小微企业融资的通知》（发改财金〔2019〕1491号），进一步明确了“信易贷”工作的总体要求、重点任务和保障措施。二是全面建成运行全国中小企业融资综合信用服务平台。归集整合各类公共信用信息和市场信用信息渠道，打造成为畅通共享渠道、联通金融机构、直通中小企业、融通资金需求的“一站式”融资服务枢纽平台。三是积极拓展满足中小微企业多样化融资需求的“信易贷”服务模式。整合与中小微企业融资授信密切相关的纳税、社保、不动产、水、电、气等信用信息，形成标准化、规模化、可拓展的“信易贷”数据包，为金融机构放贷内控审核、风险防范、开发创新信用产品和服务提供数据支撑。四是建立健全“信易贷”风险补偿和风险缓释机制。积极鼓励引导有条件的地方设立“信易贷”风险补偿专项基金、信用保证基金等，完善推广“政银保模式”，构建合理的风险共担和利益分配机制。

“信易贷”工作取得了良好成效，有力纾解了中小微企业融资难、融资贵问题，促进了实体经济高质量发展。

一是“信易贷”总规模突破 3 700 亿元，有力纾解中小微企业融资难题。截至 2020 年 6 月末，全国“信易贷”平台入驻超过 800 家各类金融机构及其地方分支机构，平台累计发布 1 300 个金融产品，累计注册中小微企业近 50 万家，发布融资需求超 11 万笔，累计放款总额突破

3 700 亿元。

二是“信易贷”数据共享超过155亿条，有效打破信息孤岛和降低尽调成本。截至2020年6月末，全国“信易贷”平台已初步联通接入31个省级、354个市县级平台，整合了与中小微企业融资授信密切相关的纳税、社保、不动产、水、电、气等信用信息超过155亿条。

三是“信易贷”整体不良率低至1%以下，探索中小微企业融资风险防范新路径。金融机构依托全国“信易贷”平台建立贷前、贷中、贷后全流程风控模型和管理机制，加大担保、保险机构合作力度，形成了一套完整的“信用+信息+担保”风险防范机制，将“信易贷”不良率降至1%以下。

四是创新孵化新型信用产品和服务，大幅降低中小微企业融资成本。依托全国“信易贷”平台汇聚多元化、个性化、定制化的保险、征信、评级、保理等金融产品和服务，形成多种服务配套的融资产品超市，不断孵化符合中小微企业融资需要的各类产品和服务，为中小微企业提供了方便、快捷的服务体验，大幅降低了中小微企业融资的时间成本和经济成本。

2."三农"、脱贫攻坚金融服务不断加强

提升金融服务乡村振兴水平。2019年初，有关部门联合印发《关于金融服务乡村振兴的指导意见》，明确要求健全适合乡村振兴发展的金融服务组织体系，增加农村金融供给，强化金融产品和服务方式创新，拓宽乡村振兴融资来源，营造良好的农村金融生态环境，增强农村地区金融资源承载力和农村金融服务获得感。各地区乡村振兴领域金融支持政策相继落地，积极满足"三农"领域多元化融资需求。截至2019年6月末，涉农贷款余额34.24万亿元，同比增长6.5%；农户贷款余额9.86万亿元，同比增长12%。截至2019年末，涉农融资担保在保余额3 975亿元，在保户数82万户，在保余额和户数均较上年增长28%，户均在保余额49万元。

推进两权抵押贷款试点。为进一步深化农村金融改革创新，加大对"三农"的金融支持力度，2015年8月，国务院决定开展农村承包土地的经营权和农民住房财产权抵押贷款试点。截至2018年9月末，全国232个试点地区农地抵押贷款余额520亿元，累计发放964亿元；59个试点地区农房抵押贷款余额292亿元，累计发放516亿元。两权抵押贷款进一步盘活了农村资源资产，促进了农业生产由分散的小农生产逐步向适度规模经营转变，新型农业经营主体融资可得性明显提升。

提高农业生产的保险保障水平。近年来，农业保险保障方式不断创新，开展三大粮食作物完全成本保险和收入保险试点，保障农户种粮积极性。截至2019年末，农业保险已覆盖我国所有省份，承

保农作物200多种，玉米、水稻、小麦三大粮食作物承保覆盖率超过70%。推进农业保险与信贷、担保等金融工具联动，通过农业保险的增信功能，提高农户信用等级，缓解农户“贷款难、贷款贵”问题。稳步扩大“保险+期货”试点，有效规避市场价格风险。鼓励各地因地制宜开展特色农产品保险。将农业大灾保险试点范围由200个县扩大至500个县，将中央财政对地方优势特色农产品保险以奖代补试点范围由10个省份扩大至20个省份。2019年，我国农业保险提供风险保障3.6万亿元。

金融精准扶贫取得重要进展。2016年，人民银行等七部门联合印发《关于金融助推脱贫攻坚的实施意见》，紧紧围绕“精准扶贫、精准脱贫”基本方略，精准对接脱贫攻坚多元化融资需求，全面改进和提升扶贫金融服务。全国各地在推进金融精准扶贫工作中也做了大量探索，在制度设计、管理机制、金融产品等方面进行积极创新，切实解决了金融扶贫“扶持谁”“谁来扶”“怎么扶”的问题。截至2019年末，全国27个省（区、市）金融精准扶贫贷款余额3.6万亿元，近四年年均增长17.3%。其中，建档立卡贫困人口及已脱贫人口贷款余额5 694亿元，年均增长21.9%；产业精准扶贫贷款余额1.2万亿元，年均增长27.4%。

（三）加大创新驱动发展金融支持力度

1．创新发展科技信贷

发展科技金融专营机构，为创新创业企业提供专业化投融资服务。2017 年 7 月成立了以科技金融为主要特色的中关村银行，创新推出创业通、加速通、认股权贷等多款专门针对科技创业公司的贷款产品，为科技企业提供个性化、精准的综合金融服务方案。截至 2019 年末，全国已设立银行科技支行、科技金融专营机构等超过 750 家。全国科技型企业贷款余额突破 4.1 万亿元，较 2019 年初增长 24%。

发展知识产权质押融资，为科技型中小企业提供更多融资手段。2019 年 8 月，银保监会、国家知识产权局、国家版权局发布《关于进一步加强知识产权质押融资工作的通知》，加大银行对民营小微企业通过知识产权进行质押融资的支持力度。近年来，知识产权质押融资规模持续增长，产品不断创新，2019 年专利、商标质押融资总额达到 1 515 亿元，同比增长 23.8%，版权质押担保金额 73 亿元，帮助近万家企业解决融资难题。

2．开展投贷联动试点

2016 年 4 月，有关部门印发《关于支持银行业金融机构加大创新力度 开展科创企业投贷联动试点的指导意见》，允许 10 家银行在 5 个国家自主创新示范区开展内部投贷联动，为科创企业提供持续资金支持。同时，鼓励银行业金融机构在依法合规、风险可控的前提下，加强与创投机构合作，积极探索金融支持科技发展的多样化业务模式。投贷联动试点成效已初步显现。比如，兴业银行已形成覆盖全行的专业化科创金融服务体系，服务科创金融客户 2.7 万户，2019 年科创板受理企业中，近三分之一都与兴业银行建立了深入合作关系。

3. 加快完善新技术新业态保险服务

大力发展科技保险，在自主创业、研发、贸易、融资等方面，为科技企业提供保险保障。目前，我国已基本形成了覆盖科技企业财产损失、利润损失、科研经费损失，以及其对股东、雇员或第三者的财产或人身造成现实伤害而应承担的各种民事赔偿责任的科技保险服务体系。开展专利保险试点，有效降低知识产权维权成本，维护知识产权市场公平竞争秩序。进一步完善首台（套）重大技术装备保险补偿机制试点，中央财政对符合条件的投保企业按照实际投保费率不超过3%及实际投保年度保费的80%给予保险补偿。

（四）加大绿色发展金融支持力度

1. 建立健全绿色金融支持政策体系

在制度建设层面，2016年8月，人民银行、财政部等七部委印发《关于构建绿色金融体系的指导意见》，标志着我国成为全球首个建立了系统性绿色金融政策框架的国家。2017年3月，证监会发布《关于支持绿色债券发展的指导意见》，进一步明确了绿色债券发展的规范要求，并提出了支持绿色债券发展的政策保障措施。2017年12月，人民银行与证监会联合发布《绿色债券评估认证行为指引（暂行）》，促进绿色债券市场健康发展。2019年7月，国家发展改革委印发《绿色产业指导目录（2019年版）》，进一步厘清产业边界，引导金融机构将资金投入到对推动绿色发展最重要、最关键、最紧迫的产业上。同时，绿色债券、绿色信贷、环境信息披露、第三方评估认证等方面的具体政策也逐步落地。在激励政策方面，支持绿色金融发展的财政、货币和监管政策等不断出台。例如，将符合条件的绿色贷款和绿色债券纳入货币政策操作合格抵质押品范围；将银行业存款类金融机构的绿色信贷和绿色债券业绩纳入宏观审慎评估，提升金融机构拓展绿色金融业务的内在动力。

2. 建设绿色金融改革创新试验区

2017 年 6 月，国务院批准同意在浙江、江西、广东、贵州和新疆五省区的八个地市建设绿色金融改革创新试验区。三年来，试验区走出了一条绿色金融改革创新的新路，相继发布绿色企业认定办法和绿色项目认定方法，制定绿色金融地方标准，建立绿色项目库，试点取得初步效果。据人民银行不完全统计，五省区试验区先后出台了 20 多个绿色金融专项政策文件，推出了环境权益抵质押融资、绿色市政债券等近 200 项创新型绿色产品和工具，为全国提供了可复制、可推广的绿色金融发展经验。

3. 绿色金融发展成效显著

根据人民银行发布的《中国绿色金融发展报告（2018）》，2018 年，我国共发行绿色债券超过 2 800 亿元，绿色债券存量规模接近 6 000 亿元，位居全球前列。截至 2018 年末，全国银行业金融机构绿色信贷余额为 8.23 万亿元，同比增长 16%；全年新增

1.13 万亿元，占同期企业和其他单位贷款增量的 14.2%。2018 年绿色企业上市融资和再融资合计 224.2 亿元。绿色基金、绿色保险、绿色信托、绿色 PPP、绿色租赁等新产品、新服务和新业态不断涌现，有效拓宽了绿色项目的融资渠道，降低了融资成本和项目风险。据银保监会数据，截至 2019 年末，21 家主要银行绿色信贷余额超过 10 万亿元。

（五）加大抗疫保供和保市场主体金融支持力度

1．加大新冠肺炎疫情防控重点保障企业资金支持力度

人民银行设立 3 000 亿元专项再贷款，向疫情防控重点保障企业提供优惠资金，中央财政进行贴息，全力保障重要医用物资和生活必需品供应，为全国打赢疫情防控阻击战发挥了重要作用。截至 2020 年 6 月末，9 家全国性银行和 10 省份地方法人银行累计向逾 7 000 家重点企业发放优惠贷款，财政贴息 50% 后，企业平均实际融资成本约为 1.23%，减少企业利息支出逾 130 亿元。

2．对中小微企业贷款实行阶段性延期还本付息

对于 2020 年 6 月 1 日至 12 月 31 日期间到期的普惠小微贷款，按照“应延尽延”要求，实施阶段性延期还本付息，最长可延长至 2021 年 3 月底。对于 2020 年底前到期的其他中小微企业贷款和大型国际产业链企业（外贸企业）等有特殊困难企业的贷款，企业可以和银行自主协商相应的还本付息安排。

3．加大小微企业信用贷款支持力度

自 2020 年 6 月 1 日起，人民银行通过创新货币政策工具使用 4 000 亿元再贷款专用额度，购买符合条件的地方法人银行 2020 年 3 月 1 日至 12 月 31 日期间新发放普惠小微信用贷款的 40%，以促进银行加大小微企业信用贷款投放，支持更多小微企业获得免抵押担保的信用贷款支持。预计信用贷款支持可带动相关地方法人银行新发放普惠小微信用贷款接近 1 万亿元，使小微企业贷款获得性明显提高。

4．阶段性调整金融监管要求

为促进金融机构更好服务小微企业，2020 年 4 月 21 日召开的国务院常务会议决定，将普惠金融在银行业金融机构分支行综合绩效考核指标中的权重提升至 10% 以上，鼓励加大小微信贷投放。同时，将中小银行拨备覆盖率监管要求从 120% ~ 150% 阶段性下调至 100% ~ 130%，释放更多信贷资源，提高服务小微企业能力。

5．强化小微企业金融服务长效机制建设

通过落实中小微企业复工复产信贷支持政策、开展商业银行中小微企业金融服务能力提升工程、改革完善外部政策环境和激励约束机制等政策措施，督促商业银行加快观念转变和业务转型，优化内部资源配置和政策安排，使其真正敢贷、能贷、会贷、愿贷。

» 专栏 3-2

抗疫专项再贷款

抗疫专项再贷款是防控新冠肺炎疫情关键时期出台的一项“战时”举措，也是金融、财政、产业政策协同配合的有效实践。

一、抗击疫情特定时期的特殊政策手段

2020年2月初，全国疫情仍处于蔓延阶段，疫情防控形势十分严峻复杂，重点物资供应保障仍面临较大压力。特别是，口罩等医用物资供需矛盾仍较突出，重要物资生产企业复工复产还面临用工、产业链配套、资金等方面的困难，交通物流末端不畅问题仍然存在，企业增产扩能、物资保供等面临的资金压力十分突出。

为落实党中央、国务院决策部署，2月7日，财政部、国家发展改革委、工业和信息化部、人民银行、审计署联合出台了《关于打赢疫情防控阻击战 强化疫情防控重点保障企业资金支持的紧急通知》，明确了3 000亿元专项再贷款的具体政策。

名单制管理。国家发展改革委、工业和信息化部对

以下疫情防控重点保障企业实施名单制管理：（1）生产应对疫情使用的医用防护服、隔离服、医用及具有防护作用的民用口罩、医用护目镜、新型冠状病毒检测试剂盒、负压救护车、消毒机、消杀用品、红外测温仪、智能监测检测系统和相关药品等重要医用物资企业；（2）生产上述物资所需的重要原辅材料生产企业、重要设备制造企业和相关配套企业；（3）生产重要生活必需品的骨干企业；（4）重要医用物资收储企业；（5）为应对疫情提供相关信息通信设备和服务系统的企业以及承担上述物资运输、销售任务的企业。两部委研究确定全国疫情防控重点保障企业名单（以下简称全国性名单）。10个重点省份自主建立本地区的疫情防控重点保障企业名单（以下简称地方性名单），报国家发展改革委、工业和信息化部备案。

专项再贷款。人民银行向相关全国性银行和疫情防控重点地区地方法人银行发放专项再贷款，支持其向名单内企业提供优惠贷款。全国性银行重点向全国性名单内的企业发放贷款，地方法人银行向本地区地方性名单内企业发放贷款。专项再贷款发放利率为上月一年期贷款市场报价利率（LPR）减250基点，期限为1年。金融机构向相关企业提供优惠利率的信贷支持，贷款利率上限为贷款发放时最近一次公布的一年期LPR减100基点。

中央财政贴息。对享受人民银行专项再贷款支持的企业，中央财政给予贴息支持。在人民银行专项再贷款支持金融机构提供优惠利率信贷支持的基础上，中央财政按企业实际获得贷款利率的50%进行贴息。贴息期限不超过1年。

二、助力重点物资增产保供取得实效

专项再贷款在疫情防控关键时期应时而出，金融财政产业政策协同发力，力度大、落地快，充分体现了应急管理、“粮草先行”的要求，有效推动了重要医用物资和生活必需品增产增供，为保障人民生产生活秩序、助力打赢疫情防控阻击战发挥了积极作用。

截至2020年6月末，专项再贷款基本投放完毕，9家全国性银行和10省市地方法人银行累计向逾7 000家重点企业发放优惠贷款，平均每户企业获得优惠贷款规模不超过4 000万元，获得优惠贷款加权平均利率在2.5%左右。中央财政已向其中符合条件的6 606家企业拨付贴息资金29.37亿元，涉及优惠贷款2 396亿元，中央财政贴息50%后，企业实际平均融资成本约为1.23%，为企业节约融资成本逾130亿元。

▍第三节▍

基本建立多层次资本市场体系

党的十八大以来，我国资本市场的改革发展取得了重要进展，设立科创板并试点注册制等重大改革创新稳步推进，基础制度不断完善，多层次资本市场建设不断深化。股票市场、债券市场规模均居世界前列，在增强金融服务实体经济能力、提高直接融资比重等方面发挥了积极作用。截至2020年6月末，我国股市总市值64.88万亿元，债券市场托管余额107.8万亿元，市场规模均位居世界第二位。

一、深化股票市场改革

近年来，我国股票市场快速发展。截至2020年6月末，我国沪深两市上市公司达 3 893 家，较 2012 年末增长 56.1%，总市值 64.88 万亿元，增长 181.6%，市场规模稳居世界第 2 位。其中，流通股 5.44 万亿股，流通市值 52.06 万亿元，分别较 2012 年末增长 45.8% 和 16.0%。股市融资功能进一步发挥，2016 年至 2020 年 5 月末，首次公开发行股票（IPO）累计 1 066 家，首发募集资金共 8 840 亿元；再融资累计 2 312 家，增发募集资金共 5.3 万亿元。

（一）设立科创板并试点注册制

2018 年 11 月，习近平总书记宣布在上海证券交易所设立科创板并试点注册制，这是推进金融供给侧结构性改革、促进科技与资本深度融合的重大举措，对进一步提升资本市场功能、服务经济高质量发展发挥了独特作用。2019 年 1 月《关于在上海证券交易所设立科创板并试点注册制的实施意见》发布，3 月《科创板首次公开发行股票注册管理办法（试行）》及相关配套业务规则出台，7 月 22 日科创板正式开市，首批 25 家公司挂牌上市。

设立科创板并试点注册制，是基于我国国情和发展阶段，在发行上市、保荐承销、市场化定价、交易、退市等方面制度改革的先试先行。试点期间，科创板总体运行平稳，上市公司整体表现良好，初步实现了改革预期。截至 2020 年 6 月末，已有 116 家企业在科创板上市交易，总市值达到 2.02 万亿元，均属于战略性新兴产业，共涵盖 23 个科创主题，其中新一代信息技术、生物产业和高端装备制造业占比较高。设立科创板并试点注册制，帮助一批“硬科技”项目更快实现了科技与资本深度融合，有效支持了发展潜力大、市场认可度高的科创企业发展壮大，进一步畅通了科技、资本和实体经济的循环机制。

（二）完善股票市场基础制度

1. 修订后的证券法正式施行

2020 年 3 月，修订后的《中华人民共和国证券法》（以下简称《证券法》）正式施行，其中明确了证券公开发行实行注册制，同时强化了监管执法、风险防控和信息披露要求，规范了中介机构行为，大幅提高了违法成本，突出强调了投资者权益保护，建立了集体诉讼制度，完善了民事损害赔偿责任制度。修订后的《证券法》进一步增加了资本市场法律供给，对于提升资本市场治理能力，优化资本市场发展生态，具有里程碑意义。

2. 调整优化再融资制度

2020 年 2 月，证监会发布了《上市公司证券发行管理办法（2020 年修正）》《上市公司非公开发行股票实施细则（2020 年修正）》等相关规定，明确再融资审核标准，精简发行条件，延长再融资批文有效期，优化定价和锁定期等安排，并对战略投资者进行了较严格的界定。这些制度的优化调整，回应了市场关切，体现了市场化改革的方向，解除了对上市公司再融资的不必要限制，在满足上市公司合理再融资需求的同时，也维护了中小投资者合法权益。

3. 提高上市公司质量

上市公司是资本市场的基石。提高上市公司质量是推动资本市场健康发展的内在要求，也是资本市场全面深化改革的基础性工作。近年来，我国上市公司数量稳步增长，质量持续提升。发行上市包容性全面增强，审核透明度和效率不断提升，支持了更多符合国家发展战略、自主创新能力突出、核心竞争力较强的企业上市融资。上市公司分类标准更趋完善，股权质押风险有序化解，稳定退市机制加快形成，实现了市场化优胜劣汰，平稳化解了存量风险。上市公司监管更趋精准，财务造假、资金占用、违规担保等行为被严肃查处，高估值、高商誉、高业绩的“三高”并购等现象得到有效遏制。

4. 修改完善并购重组制度

2018 年 11 月，启动定向可转债并购试点，进一步丰富并购重组支付和融资工具。2019 年 10 月，《上市公司重大资产重组管理办法》修改完善后发布，简化重组上市认定标准，允许符合国家战略的高新技术产业和战略性新兴产业资产在创业板重组上市，进一步理顺优化上市功能。2019 年 12 月，《上市公司分拆所属子公司境内上市试点若干规定》发布，打开境内分拆上市政策通道，进一步拓宽企业融资渠道。发布实施《科创板上市公司重大资产重组特别规定》《创业板上市公司持续监管办法（试行）》等制度规则，明确创业板和科创板上市公司并购重组涉及发行股票的实行注册制。目前，超过 95% 的并购重组交易已无需审批，以“同行业、上下游”资产为目标的产业并购占比不断上升，资本市场并购重组主渠道作用日趋彰显，市场资源配置功能有效发挥，市场活跃度显著提升。

5．建立完善分类施策减持制度

2017 年 5 月，《上市公司股东、董监高减持股份的若干规定》发布，对控股股东、实控人、董监高减持行为进行从严规范。2020 年 2 月，《关于修改〈上市公司证券发行管理办法〉的决定》发布，明确再融资股份不适用减持规定政策，有利于促进资本形成。2020 年 3 月，《上市公司创业投资基金股东减持股份的特别规定》修订后发布，适度放宽创投基金减持规定，有效解决了创投基金的“退出难”问题。2020 年 4 月，沪深交易所发布《关于通过协议转让方式进行股票质押式回购交易违约处置相关事项的通知》，放宽股票质押违约后股份协议转让门槛，以便利风险出清。2020 年 7 月，《上海证券交易所科创板上市公司股东以向特定机构投资者询价转让和配售方式减持股份实施细则》发布，立足科创板实践，新增向特定机构投资者询价转让和配售两种减持方式，既满足了创新资本退出需求，又能通过股份减持引入增量资金。

6．建立健全多元化退市制度

2018 年 7 月，《关于改革完善并严格实施上市公司退市制度的若干意见》发布，明确重大违法强制退市的主要情形。2019 年 1 月，证监会明确科创板严格实施退市制度。2020 年 6 月，创业板退市改革简化了退市程序，完善了退市标准。随着退市制度的建立和完善，强制退市、重组退市、主动退市等多元化退出渠道不断畅通，2016年以来已有24家公司通过各种渠道退市，初步实现了“有进有出、优胜劣汰”的资本市场良性循环。

（三）健全多层次股权市场体系

1．推动创业板改革并试点注册制

2019年中央经济工作会议指出，推进创业板改革并试点注册制，是深入落实创新驱动发展战略、支持深圳建设中国特色社会主义先行示范区、助推粤港澳大湾区建设的重大举措，是全面深化资本市场改革、完善资本市场基础制度、提升资本市场功能的重要安排。2020年6月，《创业板首次公开发行股票注册管理办法（试行）》等制度及相关配套规则发布并施行，在主要制度安排与科创板保持总体一致的情况下，针对创业板特点，对部分制度进行了修改完善，实现了创业板与科创板错位发展、适当分离，避免了对科创板产生大的影响，形成了不同板块各有侧重、相互补充、适度竞争的良好格局。

2．深化新三板改革

全国中小企业股份转让系统（简称新三板）是定位于服务创新型、创业型、成长型中小企业的重要平台。多年来，积极推动新三板改革一直是全面深化资本市场改革的重要内容。2019年12月底，新三板改革配套制度及各项措施陆续出台，以建立转板制度为牵引，协调推进公开发行、交易、投资者适当性等制度创新，完善市场分层，实施差异化监管和服务，提高挂牌公司质量，优化市场功能，激发市场活力。2020 年 6 月,《关于全国中小企业股份转让系统挂牌公司转板上市的指导意见》发布，允许在精选层挂牌满一年，符合《证券法》上市条件和交易所相关规定的企业直接申请转板上市。2020 年 4 月 27 日，新三板启动企业公开发行并进入精选层受理及审核工作，截至 7 月 13 日，32 家企业公开发行获批，并已完成发行申购，将择机组建精选层。

3．促进创业投资发展

私募股权投资和创业投资是实现技术、资本、人才、管理等创新要素与创业企业有效结合的投融资方式，是促进科技创新成果转化的重要资本力量。2016 年 10 月，国务院印发《关于促进创业投资持续健康发展的若干意见》，对促进创业投资发展提出了一揽子扶持措施，是我国创业投资发展历程中的重要里程碑。近年来，创业投资支持创新创业创造取得明显成效，培育壮大了一批创新型企业，推动了我国新兴产业快速发展。截至 2019 年末，创业投资机构（含私募股权投资）累计投资于境内未挂牌、未上市企业股权和再融资项目达 11.71 万个，为实体经济形成股权资本金 6.89 万亿元。

专栏 3-3

发展创业投资

创业投资是推动创新创业创造的重要资本引擎，是实施创新驱动发展战略、打造“双创”升级版的重要资本力量，对促进产业转型升级、创业带动就业具有重要作用。

自2016年国务院印发《关于促进创业投资持续健康发展的若干意见》以来，有关部门不断落实和完善相关政策措施。一是扩大创投税收政策适用范围，加大税收政策支持力度。二是大力推动各类创新创业平台建设，促进国家高新区、国家自主创新示范区等开放企业（项目）资源，搭建信息共享平台，建立项目对接机制。三是进一步发挥政府资金的引导作用，吸引社会资金投入，支持相关领域发展。四是逐步健全符合行业特点的法制体系。完善创业投资基金、政府出资产业投资基金发展的相关政策。加强政府出资产业投资基金事中事后监管和信用体系建设。推动《私募投资基金管理暂行条例》立法工作，修订《私募投资基金监督管理暂行办法》。五是有序扩大创业投资双向开放。不断放宽外商创业投资企业投资范围，提高创业投资企业投资便利化程度。鼓励境内有实力的创业投资企业积极稳妥走出去。

我国已经成为继美国之后世界第二大创业投资市场，市场环境不断优化，创业投资服务实体经济不断增强，对稳增长、调结构、促就业的作用日益显现，“创新创业创造＋创投”协同互动发展格局已基本形成。

创业投资主体数量不断增长。截至2019年底，在全国创业投资企业备案管理系统备案的创投企业2 150家，管理的资产规模6 810亿元。在中国证券投资基金业协会登记的创业投资基金7 879只，管理资金规模1.15万亿元，分别较2015年底大幅增长272%和215%。

创业投资资金来源不断拓宽。社保基金、保险资金、信托产品等均可在符合相关规定的情况下投资创业投资基金，商业银行理财产品亦可在规定情况下投资创业投资基金。创业投资企业及其股东可依法依规发行企业债券、债务融资工具和创新创业公司债券，投资于创新创业公司股权。根据有关市场研究机构统计，截至2019年末，我国创业投资市场资金来源涵盖非上市公司（27%）、政府出资平台（22%）、政府引导基金（14%）、私募基金管理机构（12%）、金融机构（11%）、富有家族及个人（6%）、上市公司（4%）、保险资金（2%）等诸多渠道。

创业投资对创新创业创造的支持力度不断加大。信息技术、互联网和生物技术领域成为创业投资机构关注热点。截至2019年底，私募股权投资基金和创业投资基金等累计在投项目9.43万个，在投本金7.6万亿元。其中，在投中小企业项目6.15万个，在投本金2.06万亿元；在投高新技术企业3.26万个，在投本金1.4万亿元，有力体现了“投早投小投长期投科技”的投向定位。

二、积极发展债券市场

债券市场是直接融资的重要方式，也是多层次资本市场体系的重要组成部分。党的十八大以来，我国债券市场改革持续深化，债券品种体系不断丰富，债券市场规模迅速扩大，服务实体经济效率和水平进一步提升。截至2020年6月末，我国债券市场托管余额107.8万亿元，市场规模位居世界第二。债券在社会融资规模存量中的占比达25%，其中公司信用类债券余额占比为9.8%，成为除贷款之外实体企业获得资金的第二大渠道。

（一）推进政府债券发展

1. 国债市场规模稳步增长

近年来，我国国债市场建设取得明显进展，国债承销及市场化发行机制不断健全，发行市场透明度不断提高，国债做市及其支持机制持续完善，国债品种期限结构不断优化，国债发行量和净增量持续增加。截至2020年6月末，我国国债余额17.1万亿元，占债券市场余额的15.9%，较2015年末增加6.4万亿元。

为应对新冠肺炎疫情，2020年我国发行1万亿元抗疫特别国债，这是我国历史上第三次发行特别国债。抗疫特别国债是由中央财政统一发行的特殊国债，不计入财政赤字，纳入国债余额限额，全部转给地方主要用于公共卫生等基础设施建设和抗疫相关支出，有利于统筹推进疫情防控和经济社会发展。抗疫特别国债首次全部采用市场化方式发行，截至2020年7月末已发行完毕。

2. 地方政府债券市场快速发展

2015年1月1日实施的新《中华人民共和国预算法》明确，各省、自治区、直辖市可以在国务院确定的限额内，通过发行地方政府债券筹措资金。2015年以来，地方政府债券品种类型不断丰富，市场化程度持续提高，对加大重点领域和薄弱环节的支持力度、服务实体经济发挥了积极作用。截至2019年末，地方政府债券余额 21.1 万亿元，已成为债券市场存量最大的品种。其中，一般债券余额 11.7 万亿元，专项债券余额 9.4 万亿元。

专项债券成为地方政府基础设施建设资金重要来源。地方政府专项债券主要用于有一定收益的公益性项目建设，纳入政府性基金预算管理，不计入财政赤字。近年来，专项债券聚焦党中央、国务院确定的重大战略、重点领域，以及地方急需资金支持的方面，有效保障重点项目资金需求，对稳投资、扩内需、补短板发挥了重要作用。专项债券规模迅速扩大，2015 年规模仅为 1 000 亿元，2019 年提高到 2.15 万亿元，2020 年继续新增规模至 3.75 万亿元（见图 3–3）。专项债券品种类型不断丰富，截至 2020 年上半年，国家层面推出了土地储备、收费公路、轨道交通、棚户区改造等品种；各地结合实际相继推出了十多个创新品种，涉及教育、医疗、环保、污水处理、城市停车场、乡村振兴等领域。

专项债券使用范围不断扩大。为进一步发挥专项债券资金对社会资本的带动作用，2019 年印发的《关于做好地方政府专项债券发行及项目配套融资工作的通知》，鼓励金融机构为专项债券项目提供市场化配套融资，允许将专项债券作为符合条件的重大项目资本金。2020 年进一步提高了专项债券可用作重大项目资本金的比例，并允许地方政府依法依规通过认购可转换债券等方式，探索合理补充中小银行资本金新途径。随着使用领域的拓宽，专项债券在增加有效投资、优化经济结构和稳定总需求等方面将发挥更加重要的作用。

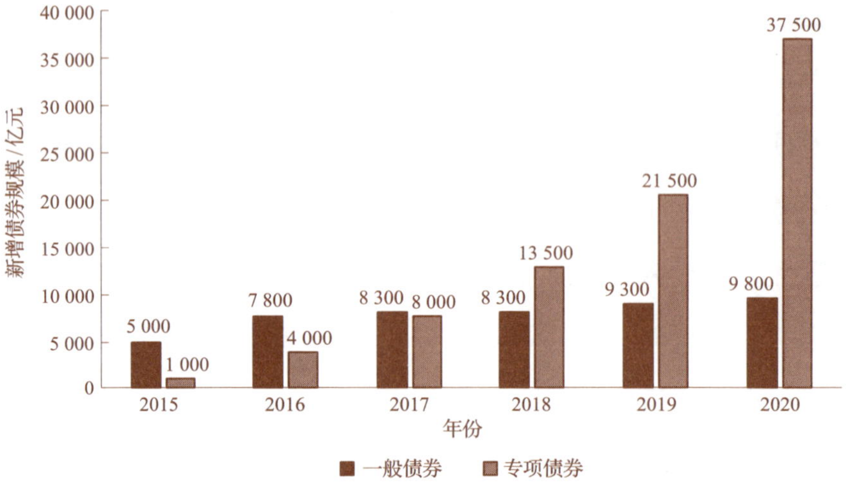

图 3-3　2015—2020 年地方政府新增债券规模

资料来源：财政部网站。

（二）推进公司信用类债券发展

1．实施债券发行注册制改革

根据修订后的《证券法》相关规定，公司债券发行由证监会或者国家发展改革委注册。注册制在简政放权的同时，更加突出服务实体经济的政策导向，鼓励债券募集资金投向符合国家宏观调控政策和产业政策的项目建设。2020 年 3 月以来，证监会和国家发展改革委进一步完善了债券发行注册制的具体规定，提高了债券发行审核效率，增强了债券市场服务实体经济的能力，得到社会的普遍认可。

2．稳步推进公司信用类债券品种创新

近年来，公司信用类债券市场净融资规模总体呈上升态势（见

图 3–4），创新力度不断增强，相继推出一系列创新品种，为债券市场的发展壮大提供新引擎。例如，国家发展改革委针对实体经济融资需求，“量身定制”了城市停车场建设专项债券、城市地下综合管廊建设专项债券、社会领域产业专项债券等十多个专项企业债券品种，支持重点领域、重点项目建设。又如，证监会、国家发展改革委联合推出基础设施领域不动产投资信托基金（REITs）试点，助力盘活基础设施存量资产；证监会指导证券交易所推出公开发行短期公司债券，助力企业降低融资成本。再如，公司信用类债券各管理部门分别推出了绿色债券品种，较好满足了绿色产业领域的债券融资需求。按照《绿色产业指导目录（2019 年版）》相关要求，有关部门正在研究制定《绿色债券支持项目目录（2020 年版）》。

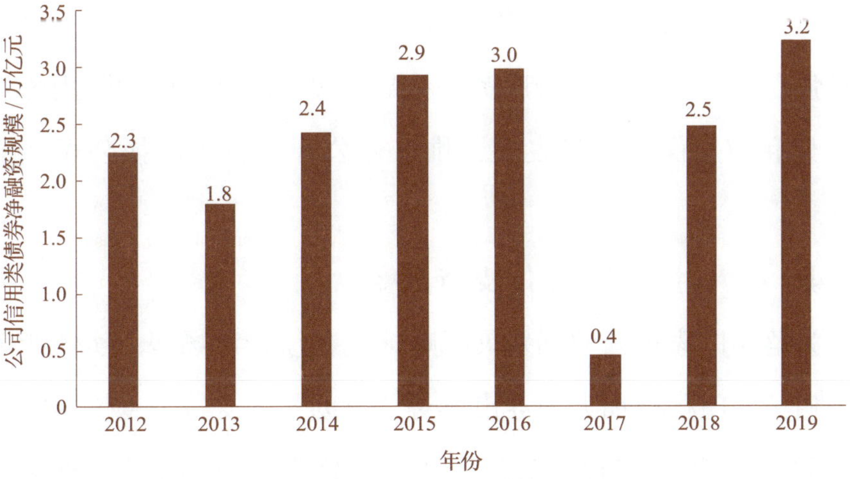

图 3–4 近年来公司信用类债券净融资情况

资料来源：中国人民银行历年社会融资规模增量统计数据报告。

3．加大对民营企业、中小微企业的支持力度

2018 年 10 月 22 日，国务院常务会议决定设立民营企业债券融资支持工具，以市场化方式缓解企业融资难。民营企业债券融资支持工具由人民银行运用再贷款提供部分初始资金，由专业机构进行市场化运作，通过出售信用风险缓释工具、担保增信等多种方式，重点支持暂时遇到困难，但有市场、有前景、技术有竞争力的民营企业债券融资。为支持小微企业发展，国家发展改革委积极扩大小微企业增信集合债券规模，为小微企业提供成本较低、期限较长的资金。2018 年，证监会交易所债券市场推出纾困专项债试点，并持续深化纾困专项债发展，纾解民营上市公司股权质押风险和流动性困难。2018 年 11 月，证监会开展了信用保护工具业务试点，引导市场修复对民企债券的投资信心，以市场化方式支持民营企业债券融资。2020 年 5 月，有关部门联合印发了《关于进一步强化中小微企业金融服务的指导意见》，提出推动信用风险缓释工具和信用保护工具发展，推广非公开发行可转换公司债融资工具。

4．加大对“双创”的支持力度

为落实国家创新驱动发展战略，完善债券市场服务实体经济模式，相关部门积极加大债券市场对“双创”的支持力度。国家发展改革委 2015 年底出台《双创孵化专项债券发行指引》，支持“双创”孵化服务的新建基础设施、扩容改造、系统提升、建立分园等项目。2017 年 7 月，证监会在上海证券交易所、深圳证券交易所

开展创新创业公司债试点。2017 年 4 月，中国银行间市场交易商协会完成首批“双创”专项债务融资工具注册工作。

（三）推进金融债券发展

1．发展小微企业金融债券

发行小微企业金融债是银行拓展小微企业融资渠道、降低融资成本的重要手段。2018 年以来，小微企业金融债发行条件不断放宽，规模快速增长，年发行规模 2 000 亿元以上。2020 年以来，为应对疫情冲击、支持小微企业复工复产，国务院常务会议明确支持金融机构发行 3 000 亿元小微企业债券用于发放小微贷款。截至 2020 年 5 月末，共有 23 家银行合计发行小微企业金融债 2 742.8 亿元。

2．创新永续债品种

发行永续债是银行补充资本的重要渠道，国际上也有比较成熟的模式。为了促进银行发行永续债券加速落地，人民银行创设票据互换工具（CBS），银保监会支持保险机构投资商业银行发行的无固定期限资本债券，这为银行发行永续债提供了有力的流动性支持。2019 年 1 月，中国银行发行 400 亿元永续债，正式拉开商业银行永续债发行的序幕。2019 年，共有 15 家商业银行发行 5 696 亿元永续债，有效拓宽了银行资本补充渠道，提高了资本质量和资本充足率水平，增强了风险抵御能力，进一步提升了服务实体经济质效。

三、推动企业债券创新发展

企业债券是我国历史最悠久、法律体系最健全、唯一可跨市场发行的公司债券品种，自 1987 年国务院颁布《企业债券管理暂行条例》以来，已有超过 30 年的发展历史。企业债券是国家发展改革委主管的市场化融资工具，也是贯彻落实国家战略部署、释放政策信号、引导产业发展的重要政策手段。

（一）持续深化企业债券“放管服”改革

近年来，国家发展改革委持续推进企业债券领域“放管服”改革，大力简政放权，有效激发市场主体活力，推动企业债券市场健康发展。截至 2020 年 6 月末，“十三五”期间已累计批复企业债券 3.86 万亿元，2016—2019 年年均批复规模超过 8 000 亿元。

1. 建立第三方技术评估机制

2016 年 3 月，国家发展改革委正式委托中央国债登记结算有限责任公司（以下简称“中央结算公司”）和中国银行间市场交易商协会（以下简称“交易商协会”）两家机构，对企业债券进行独立的第三方技术评估，充分发挥专业机构优势，大幅提升企业债券发行审核效率。这项改革具有很强的前瞻性、针对性，与 2020 年以来实施的注册制改革方向高度一致，是企业债券注册制改革的预演和铺垫，培养和锻炼了一支专业人才队伍，为推动注册制改革积累了大量宝贵经验。

2. 实施“直通车”激励机制

从2016年开始，按照国务院对真抓实干成效明显地方实行激励支持的有关决策部署，国家发展改革委已连续5年实施了企业债券“直通车”激励机制，全国共推荐评选激励支持地区69个。按照相关机制安排，企业可直接向国家发展改革委申报，不需省级发展改革部门转报，并且审核时间进一步缩短至5个工作日，大幅提升激励支持地区内企业的债券融资便利度，增加市场主体的获得感。

3. 建立优质发行人制度

2018年12月，国家发展改革委印发《关于支持优质企业直接融资 进一步增强企业债券服务实体经济能力的通知》，支持信用优良、经营稳健、对产业结构转型升级或区域经济发展具有引领作用的优质主体发行优质企业债券。募集资金投向由“事前审核”转变为“负面清单+强化事中事后监管”，在严格防范风险的同时，进一步提升企业债券的审核效率和债券资金使用灵活度，受到了市场广泛欢迎。截至2020年6月末，国家发展改革委已累计批复优质企业债券规模合计超过1.14万亿元，优质企业债券加权平均发行利率3.91%，最低发行利率为2.39%，在降低企业融资成本、推动企业做优做强做大方面发挥了重要作用。

4．正式实施注册制改革

为贯彻落实新修订的《证券法》及国务院有关通知要求，2020年3月1日，国家发展改革委印发《关于企业债券发行实施注册制有关事项的通知》，明确企业债券发行由核准制改为注册制。国家发展改革委作为企业债券的法定注册机关，同时指定中央结算公司为受理机构，中央结算公司、交易商协会为审核机构。企业债券注册制改革，确立了以信息披露为中心的监管理念，明确发行人是信息披露的第一责任人，各中介机构应当勤勉尽责、诚实守信，并对所出具的专业报告和专业意见负责。在各方的共同努力下，各项改革工作平稳推进，企业债券注册发行效率进一步提升，改革政策红利逐步释放。

（二）坚持企业债券服务实体经济

国家发展改革委始终坚持企业债券服务实体经济的核心定位，充分发挥综合经济部门优势，把加强宏观经济管理和激发微观主体活力结合起来，坚持资金跟着项目走，统筹和创新各项债券支持措施，推动重大战略和重大规划落地，实现对重点领域和重点项目的“点对点”融资支持，积极引导社会资金投入相关领域并发挥示范效应，促进经济与金融良性循环。

1．服务国家重大战略和重大规划

坚持企业债券政策紧跟国家战略规划方向和产业、区域等经济政策走向，推动国家重大战略和重大规划落地实施。企业债

券积极支持国家重大铁路工程建设，截至2020年6月底，已累计支持发行中国铁路建设债券1.89万亿元，有力保障了我国铁路建设顺利实施，对扩大有效投资，促进经济社会发展发挥了重要作用。2016年以来，企业债券还累计批复超2 000亿元用于支持长三角一体化发展、粤港澳大湾区建设、黄河流域生态保护和高质量发展、“一带一路”建设、京津冀协同发展、长江经济带发展、海南全面深化改革开放等重点领域的项目建设，累计批复约1 300亿元用于支持战略性新兴产业和先进制造业等发展，进一步拓展了支持实体经济的范围和领域，有效引导社会资金投向。

2．坚持资金跟着项目走

企业债券的最大特点和独特优势就是严格要求债券资金与项目直接挂钩。企业债券采用“发债主体和投资项目”双审核模式，坚持资金跟着项目走，鼓励债券资金投向符合国家宏观调控政策和产业政策、能自主运营产生良好收益的项目建设和企业生产经营活动，推动形成有效投资。历史上，企业债券支持了三峡水利枢纽工程、国家铁路建设工程、全国电网建设改造、钢铁、化工、能源产业发展等一大批关系国计民生的重点项目和重大工程落地，为国民经济快速发展打下了坚实的基础。进入新时代，企业债券积极服务高质量发展，支持实体经济的范围和领域进一步拓展到交通基础设施、绿色发展、战略性新兴产业以及与人民群众生产生活直接相关的行业和领域。

3. 缓解民营和中小微企业融资难融资贵

为改善民营和中小微企业融资环境，有效缓解融资难融资贵问题，国家发展改革委积极支持信用优良的民营企业发债融资。截至2020年6月底，“十三五”期间已累计支持民营企业发行企业债券融资630多亿元。国家发展改革委还积极创新支持方式，支持符合条件的企业发行小微企业增信集合债券，将募集资金通过商业银行依法合规转贷给中小微企业。截至2020年6月底，已累计批复小微企业增信集合债券60只、500多亿元，积极扩大企业债券支持中小微企业的覆盖面，增强中小微企业融资的可获得性，降低中小微企业综合融资成本。

4. 构建专项企业债券品种体系

国家发展改革委持续加大企业债券品种创新力度，已构建起比较完善的专项企业债券品种体系，针对相关行业产业和企业发展特点，“量身定制”了城市停车场建设专项债券、双创孵化专项债券、绿色债券、债转股专项债券、社会领域产业专项债券、项目收益债券等十多个创新债券品种，因地制宜、因时制宜地精准对接经济社会发展需要。其中，在支持城市停车场建设方面，截至2019年底，已累计批复130只、总规模超过1 800亿元企业债券，发行规模超过1 500亿元，共建成停车场1 277个、停车位74.4万个，有效缓解了城市停车难问题。

专栏 3-4

“1+N”企业债券创新品种体系

为强化企业债券的产业政策引导功能，积极引导社会资金投向，更好发挥企业债券服务实体经济作用，国家发展改革委持续开展企业债券品种创新，已搭建起“1+N”企业债券创新品种体系。其中“1”指一般企业债券，“N”指若干专项企业债券品种。专项企业债券主要是满足特定行业和领域的融资需求，从而更精准地实现项目建设和资金供给的对接。截至2019年底，国家发展改革委已陆续推出了十多个专项企业债券品种。

在支持城市功能提升和更新改造方面，创新了城市停车场建设专项债券、城市地下综合管廊建设专项债券、配电网建设改造专项债券等系列品种。积极支持在大型综合交通枢纽、医院、旅游景点等重点区域建设机械式立体停车库、智能停车设备等集约化的停车设施，支持集中敷设电力、通信、广播电视、给排水、热力、燃气等城市管线，缓解城市停车难、反复开挖地面的“马路拉链”等问题，提升城市承载力和治理水平，促进城市集约高效和转型发展。

在支持绿色发展方面，率先推出绿色债券，发挥债券融资对促进绿色项目建设、解决突出环境问题、发展节能环保产业的支持与引导作用。截至2020年6月底，“十三五”期间已累计批复绿色债券约2 500亿元，重点支持了长江大保护、绿色能源与交通、循环经济发展、垃圾焚烧发电、污水治理等绿色项目，助力经济结构调整和发展方式转变，推进经济社会和生态文明协调发展。

在深入实施创新驱动发展战略方面，打造了双创孵化专项债券、战略性新兴产业专项债券的“组合拳”，满足更多创新领域项目的融资需求。积极支持“双创”示范基地和孵化园区项目建设，支持债券募集资金投向节能环保、新一代信息技术、生物、高端装备制造、新能源和新材料等领域。

在服务民生保障与改善方面，推出了养老产业专项债券、社会领域产业专项债券、农村产业融合发展专项债券等品种，积极引导债券资金投入健康、养老、文化、旅游、体育等相关产业，支持了一大批补短板、惠民生的重点工程项目建设，提升了人民群众获得感。专项债券还积极支持了有机生态农业、虾稻共生种养、种猪场等极具地方特色优势的惠农项目，并辐射带动周边农业、农产品加和工业发展，开辟了促进农民增收和振兴乡村的新渠道。

此外，国家发展改革委近年来还推出了债转股专项债券、政府和社会资本合作（PPP）项目专项债券等品种，并从还款期限、偿债保障措施等方面进行债券品种创新，推出项目收益债券、小微企业增信集合债券、中小企业集合债券、可续期债券、债贷组合债券等创新品种。

（三）严格防范企业债券风险

国家发展改革委始终坚持稳中求进的工作总基调，抓住服务实体经济这一中心不动摇，牢牢守住不发生系统性金融风险的底线，全面加强债券风险防范化解工作。截至 2020 年 6 月底，企业债券累计违约率为 0.17%，为公司债券各品种最低水平，远低于同期商业银行不良贷款率水平，风险较低已经成为企业债券的鲜明特点。

1．防止脱实向虚风险

国家发展改革委要求将大部分企业债券资金用于项目建设，确保形成有效投资，防止资金在金融体系内部空转，以经济增量产出更好地保障债券本息偿付安全。企业债券期限以 5 ～ 7 年中长期为主，与项目建设运营期限比较匹配，有利于发行人提前锁定资金成本，缓解项目建设期的还本付息压力，避免出现“半拉子”工程，同时也减少了企业资金链断裂的风险。

2．建立债券风险排查常态化机制

国家发展改革委每年年初即召开全系统的企业债券本息兑付风险排查和存续期监管工作会议，全面梳理当年兑付的企业债券偿债资金准备情况，提前摸清企业债券信用风险底数，建立起比较完善的企业债券风险识别、预警、排查和处置体系。同时，充分发挥各级发展改革部门属地管理优势，在申报阶段认真组织推荐，甄别筛选收益较好、偿债能力较强的优质企业和优质项目。在存续期管理阶段，推动建立企业债券存续期管理档案、开发建立企业债券管理数据库，逐步实现对各支债券运行情况的在线监控和风险预警。

形成部门和机构间监管合力。2018 年，国家发展改革委和财政部联合印发了《关于进一步增强企业债券服务实体经济能力 严格防范地方债务风险的通知》，进一步完善了企业债券防范风险的政策措施。国家发展改革委和人民银行、证监会等部门共同开展债券市场统一执法、加强信用评级行业管理、信息披露标准统一等工作，健全金融监管体系，提高债券市场监管效率。同时，国家发展改革委还加强了同债券登记结算机构、证券交易场所之间的联系合作，建立了本息兑付联动机制，做好兑付通知、公告、划款等各个环节的预警和应对预案，确保风险得到有效防范和及时处置。

3．开展企业债券信用体系建设

从 2016 年开始，国家发展改革委对企业债券主承销商和信用评级机构按年度开展信用评价，评价指标和评价结果均向社会公开发布，并持续强化评价结果的运用，实施守信激励和失信惩戒等措施。此外，还建立了企业债券信用档案信息系统，持续归集企业债券从业机构和人员的信用档案数据，强化市场机构主体责任意识。

第四节

基本建立有效维护金融安全的风险防范化解体系

党的十八大以来，金融监管体制改革不断深入，逐步建立起符合现代金融特点、统筹协调监管、有力有效的现代金融监管框架。防范化解金融风险攻坚战取得关键进展，我国金融风险已由前几年的快速积累逐渐转向高位缓释，已经暴露的金融风险正得到有序处置，金融风险总体收敛，守住了不发生系统性金融风险的底线，为经济持续健康发展和社会和谐稳定提供了有力支撑。

一、深化金融监管体制改革

（一）设立国务院金融稳定发展委员会

为增强金融监管协调的权威性有效性，强化金融监管的专业性统一性穿透性，第五次全国金融工作会议决定设立国务院金融稳定发展委员会（以下简称国务院金融委）。其主要职责是：落实党中央、国务院关于金融工作的决策部署；审议金融业改革发展重大规划；统筹金融改革发展与监管，协调货币政策与金融监管相关事项，统筹协调金融监管重大事项，协调金融政策与相关财政政策、产业政策等；分析研判国际国内金融形势，做好国际金融风险应对，研判系统性金融风险防范处置和维护金融稳定重大政策；指导地方金融改革发展与监管，对金融管理部门和地方政府进行监督问责。

2018 年以来，按照党中央、国务院关于“稳定大局、统筹协调、分类施策、精准拆弹”的基本方针，国务院金融委靠前指挥，各成员单位团结协作，防范化解重大金融风险攻坚战取得关键进展和重要阶段性成果，重点领域突出风险得到有序处置，结构性去杠杆有序推进，金融市场平稳运行，金融监管制度进一步完善，守住了不发生系统性金融风险的底线。

（二）深化金融监管机构改革

为深化金融监管体制改革、解决现行体制存在的监管职责不清晰、交叉监管和监管空白等问题，根据第十三届全国人大第一次会议通过的《国务院机构改革方案》，将中国银行业监督管理委员会和中国保险监督管理委员会的职责整合，组建中国银行保险监督管理委员会，其职责主要是依照法律法规统一监督管理银行业和保险业，维护银行业和保险业合法、稳健运行，防范和化解金融风险，保护金融消费者合法权益，维护金融稳定。与此同时，为强化中央银行宏观审慎管理职能，将中国银行业监督管理委员会和中国保险监督管理委员会拟订银行业、保险业重要法律法规草案和审慎监管基本制度的职责划入人民银行。

（三）完善中央与地方金融统筹协调监管机制

第五次全国金融工作会议提出，地方政府要在坚持金融管理主要是中央事权的前提下，按照中央统一规则，强化属地风险处置责任。一是加强央地金融监管协调。按照金融委统一部署，各省（区、市）建立了地方协调机制，加强中央和地方在金融监管、风险处置、信息共享和消费者权益保护等方面的协作，强化属地金融监管和地方金融风险防范处置责任。二是压实地方政府属地风险处置责任。按照中央统一部署，在地方层面组建了地方金融监督管理局，承担地方政府与各地方金融管理部门和监管部门的协调工作，并对小额贷款公司、融资担保公司、区域性股权市场、典当行、融资租赁公司、商业保理公司、地方资产管理公司七类机构和投资公司、开展信用互助的农民专业合作社、社会众筹机构、地方各类交易场所四类机构实施具体监管，形成“7+4”的地方金融监管职责框架。

（四）强化金融监管问责

从问责入手强化金融监管，是提升监管效能，有效防控金融风险的重要举措。近年来，弥补金融监管短板的文件相继落地，委托贷款、资管业务、非金融企业投资金融机构股权行为等存在监管套利、监管真空的领域相继得到规范。立体追责体系进一步健全，顶格处罚、终身行业禁入、刑事追责、民事赔偿及诚信记录等处罚追责措施力度不断加大，大幅提高了金融市场违法违规成本。自2017年以来，金融监管部门加大对金融机构违法违规行为的查处力度。

通过强化监管问责，不断提升金融监管的权威性和对金融违法违规的震慑力，金融市场、金融机构主动加强业务规范，积极调整业务结构，服务实体经济质效持续提升，重点风险隐患得到有效管控，金融业合规意识持续增强，金融市场乱象明显收敛。

二、打好防范化解金融风险攻坚战

（一）宏观杠杆率过快上升势头得到遏制

2015 年 12 月，中央经济工作会议将“去杠杆”确定为供给侧结构性改革五大任务之一。2018 年 4 月，中央财经委员会第一次会议提出了结构性去杠杆的基本思路，要求尽快把地方政府和企业特别是国有企业的杠杆降下来，努力实现宏观杠杆率稳定和逐步下降。经过几年的艰苦努力，宏观杠杆率快速上升势头得到遏制，根据国际清算银行（BIS）数据，2019 年末我国宏观杠杆率为 258.7%，增速大大放缓（见图 3–5）。

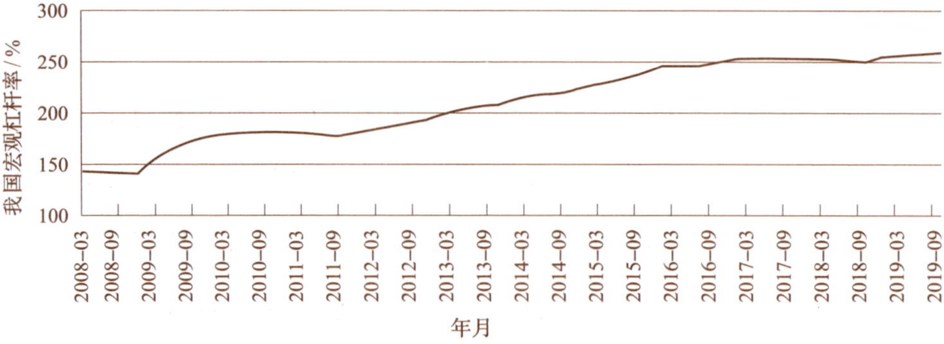

图 3–5　近年来我国宏观杠杆率情况

资料来源：国际清算银行网站。

（二）非金融企业部门债务风险趋于收敛

祛除“坏杠杆”。加快推动“僵尸企业”出清，释放无效占用金融资源，及时化解潜在债务风险。中央企业“处僵治困”主体工作基本完成，涉及债务约 3 万亿元。及时有效处置渤海钢铁、营口港、青海盐湖、重庆钢铁等地方大型困境国有企业债务风险。

优化存量杠杆。不断推进市场化、法治化债转股。通过丰富债转股实施机构、拓宽资金来源、实施定向降准等措施，推动债转股项目落地。截至 2020 年 6 月末，市场化债转股落地金额 1.58 万亿元。市场化债转股在推动国有企业混合所有制改革、优化国企股权结构、提升公司经营管理水平等方面发挥了积极作用。

建立长效机制。2018 年 9 月中共中央办公厅、国务院办公厅印发《关于加强国有企业资产负债约束的指导意见》，在总体目标、对象范围、基本原则、分类标准等方面对国企资产负债约束提出了针对性要求，“倒逼”国有企业深化改革，从而改善企业治理结构，建立国有企业资产负债自我约束的长效机制。经过几年的努力，2019 年末我国非金融部门的杠杆率为 149.3%，与 2016 年一季度时的峰值相比降低了 12.5 个百分点；全国国有企业平均资产负债率 63.9%，较 2016 年末下降了 2.2 个百分点。

（三）地方政府债务风险得到有效管控

近年来，有关部门通过完善地方政府债务管理制度、建立政府举债终身问责倒查责任机制、从严整治举债乱象等措施，坚决遏制地方隐性债务增量，稳妥化解存量隐性债务，地方政府违法违规无序举债的势头得到有效遏制。截至2019年末，地方政府债务余额合计21.31万亿元，债务率（地方政府债务余额/综合财力）约为82.9%，低于国际通行标准。加上中央政府债务余额16.8万亿元，我国政府债务负债率（债务余额/国内生产总值）为38.5%，低于欧盟60%的警戒线，也低于主要市场经济国家和新兴市场国家水平，风险总体可控。

（四）影子银行风险得到初步治理

化解以资管业务为代表的影子银行风险是打好防范化解金融风险攻坚战的重要环节。针对部分资产管理业务发展管理不规范、多层嵌套、刚性兑付、规避金融监管和宏观调控等问题，2018年4月有关部门联合出台《关于规范金融机构资产管理业务的指导意见》，明确资管业务监管要求，引导资金以合法、规范形式进入金融市场和实体经济。2017年以来，对影子银行业务开展集中整治，重点清理压缩脱实向虚、结构复杂、层层嵌套、风险隐蔽的金融资产，累计压降影子银行规模16万亿元，影子银行和交叉金融风险持续收敛。

（五）部分金融机构风险得到有效化解处置

坚决整治不法金融机构和高风险机构。依法处置“安邦系”等不法金融集团，做好资产清理、追赃挽损、切断传染链、引进战略投资者、规范法人治理等工作，相关风险得到有序控制和初步化解。加大高风险机构风险化解力度，稳步推进华融公司等机构风险处置，进一步完善公司治理机制。依法接管包商银行，稳妥推进恒丰银行、锦州银行改革重组和风险化解。

（六）互联网金融和非法集资等涉众金融风险得到全面治理

近年来，持续推进网络借贷（P2P）等互联网金融风险专项整治，互联网金融资产管理、股权众筹、互联网保险、虚拟货币交易、互联网外汇交易等领域整治工作基本完成，存量风险大幅压降。截至2019年末，实际运营的P2P机构248家，较整治之初减少约6 000家。各地坚决清理和取缔非法集资、地下钱庄等非法金融活动和组织，一些积累多年、久拖未决的非法集资风险得到化解。

» **专栏 3-5**

实施市场化法治化债转股

高杠杆是风险之源，市场化债转股是降低企业部门杠杆率、防范化解企业债务风险的重要措施。2016年10月，国务院印发《关于积极稳妥降低企业杠杆率的意见》（国发〔2016〕54号），正式拉开本轮市场化、法治化债转股序幕。经过努力，截至2020年6月末，市场化债转股落地规模达1.58万亿元。

市场化债转股是去杠杆、防风险、促发展的必要举措。在新的发展阶段，面对企业部门杠杆率高企、债务负担过重、经营管理效益不善、股债融资结构失衡等制约我国实体企业健康可持续发展的问题，市场化债转股提供了有效管用的解决方案。第一，市场化债转股是有效防范化解企业部门债务风险的重要抓手。根据国际清算银行（BIS）数据，我国非金融企业部门杠杆率从2009年一季度末的105.6%升至2016年一季度末的161.8%，居世界主要经济体前列。企业债务规模持续扩大可能引发债务风险，实施市场化债转股将企业债务转为权益，可直接降低企业杠杆率，防范化解企业债务风险，增强经济发展韧性。第二，市场化债转股是“标本兼治”推动企业高质量发展的改革之策。“减债务治标”，通过注入股权资金偿还债务，推动企业维持合理负债水平，有效缓解债务压力。“提效益治本”，把债权人转为股东，促进股权多元化，改善公司治理结构，提高企业效益。第三，市场化债转股是改善我国股债融资结构失衡的有效途径。在股权市场资源有限、规模偏小的情况下，市场化债转股是当前大规模补充企业资本的重要渠道，对发展直接融资尤其股权融资具有重要意义。

市场化债转股从探索走向成熟，取得了扎实工作成效。2016年以来，各地区各部门认真推动市场化债转股工作，形成了较为完整的政策体系、行之有效的工作机制和日益成熟活跃的业务市场，市场化债转股工作取得了良好成效。一是落地规模超过1.5万亿元，企业杠杆率快速上升势头得到有效遏制。已落地实施的市场化债转股项目每年可节省企业财务费用700多亿元，目标企业资产负债率平均下降4.7个百分点。2019年末我国非金融企业部门杠杆率为149.3%，较2016年一季度末下降了12.5个百分点，企业杠杆率上升势头得到有效遏制。二是稳妥化解困境企业债务风险，恢复企业活力。实施以市场化债转股为核心的综合方案，有力化解渤钢集团、东北特钢、青海盐湖集团等大型企业债务风险和经营困境，实现重生发展。三是有效夯实企业资本，为稳增长作出积极贡献。为优质企业增资本、减负债，不仅提高了盈利能力，而且通过补充资本释放了优质企业融资潜力，促进了企业投资。四是完善企业股权结构，加速企业改革步伐。引入积极股东参与企业经营管理，推动员工持股和混合所有制改革，促进企业改制提效。五是有力纾解民营企业融资难题。通过对民营企业实施市场化债转股，增强了民营企业资金实力。实施机构通过发挥股东作用，引导实施市场化债转股的大型企业减少应付账款占用，缓解供应链上的民营企业、中小微企业资金压力。

下一步，国家发展改革委将会同有关部门按照党中央、国务院工作部署，在巩固前期工作成效基础上，继续大力实施市场化债转股，充分发挥好市场化债转股在保护市场主体、促进传统产业转型升级中的积极作用，打造防范企业债务风险的长效机制。

第五节

基本确立面向全球、平等竞争的金融开放体系

党的十八大以来，金融业对外开放持续推进。习近平主席指出，对外开放重大举措落地，宜早不宜迟，宜快不宜慢，努力让开放成果及早惠及中国企业和人民，及早惠及世界各国企业和人民[1]。为贯彻落实习近平主席重要指示精神，我国推出了一系列新的重大金融开放举措并取得积极成效，金融对外开放进入快车道，初步确立了面向全球、平等竞争的金融开放体系，充分利用两种资源、两个市场，为实体经济转型升级提供更有效率的金融服

[1]《习近平出席博鳌亚洲论坛2018年年会开幕式并发表主旨演讲 强调顺应时代潮流 坚持开放共赢 宣布中国扩大开放新的重大举措》，《人民日报》2018年4月11日。

务。人民币国际货币地位不断提高，2016年正式纳入特别提款权（SDR）货币篮子，人民币走出去取得积极成效，人民币全球支付份额从2011年的第十七位（0.29%）快速上升到了2019年的第五位（1.94%）。

一、有序推进金融业双向开放

（一）外资金融机构准入不断放宽

2017年11月，我国宣布放宽金融业外资持股比例限制，包括将证券投资、基金管理、期货公司等金融机构的外资持股比例限制由不超过49%放宽至51%；取消中资银行和金融资产管理公司的外资单一持股和合计持股比例限制等。

2019年7月，国务院金融委办公室一次性发布了11条金融业对外开放措施，包括允许外资机构在华开展信用评级业务时，可以对银行间债券市场和交易所债券市场的所有种类债券评级；鼓励境外金融机构参与设立、投资入股商业银行理财子公司；允许境外资产管理机构与中资银行或保险公司的子公司合资设立由外方控股的理财公司等。

截至2019年10月末，外资银行在华共设立了41家外资法人机构、114家母行直属分行和151家代表处，外资银行营业机构总数976家，资产总额3.37万亿元。境外保险公司在华共设立了59

家外资保险法人机构、131 家代表处和 18 家保险专业机构。2019 年，外资保险公司保费收入 3 057.26 亿元，市场份额 7.2%；外资保险公司总资产 1.36 万亿元，较上年增长 28.20%，占比 6.6%。截至 2020 年上半年，银行、保险、证券、基金管理、期货、人身险等领域外资股比限制已完全取消，外资金融机构业务范围也不断扩大。

（二）中资金融机构国际化水平不断提高

银行保险业特别是国有大行国际化经营水平进一步提升。大型商业银行和保险机构不断完善全球布局网络，配合企业走出去资金需求，重点在中资企业集中的地区和“一带一路”沿线国家布局。以中国银行为例，已在全球 60 多个国家和地区设有分支机构，业务范围覆盖商业银行、投资银行、直接投资、保险、基金、租赁等多个领域，能够在全球范围内为客户提供全方位的综合金融服务。保险业国际化进程加快。截至 2019 年 6 月末，已有 50 余家中资保险机构开展了境外投资业务，投资余额超过 770 亿美元，占行业总资产的比例约为 3%。

证券公司加快海外布局步伐。通过 IPO、海外并购等方式在全球范围内进行资源配置。近年来，香港 IPO 发行承销保荐业务的前十名机构中，有一半是中资券商。在香港的中资美元债发行市场承销业务上，65% 是由中资投行完成。二级市场经纪业务上，中资券商也占据半壁江山。

（三）国内债券市场开放不断深入

1. 推动境外机构在境内发行债券

自 2005 年国际多边开发机构首次在银行间债券市场发行人民币债券以来，境外机构的境内债券融资渠道不断扩宽，主体类型日益丰富。2018 年 9 月，人民银行、财政部联合发布《全国银行间债券市场境外机构债券发行管理暂行办法》，完善了境外机构在银行间债券市场发行债券的制度安排，进一步促进了债券市场对外开放。截至 2020 年 3 月末，境外机构累计在银行间债券市场发行债券近 4 000 亿元。

2. "债券通"正式上线运行

2017 年 5 月，人民银行和香港金融管理局联合发布公告，开展香港与内地债券市场互联互通合作，丰富了国内债券市场投资者类别。截至 2020 年 6 月末，通过"债券通"入市的境外机构超过 550 家，账户数量达到 2 012 个，覆盖全球 33 个国家和地区；累计成交量超过 6 万亿元人民币，单日最高成交 369 亿元人民币。截至 2020 年 6 月末，境外投资者持有境内债券余额 2.6 万亿元人民币。

（四）股票市场双向开放提速

1. 建立和完善资本市场互联互通机制

2014 年和 2016 年，"沪港通"和"深港通"相继正式开通。近年来，沪深港通机制运行平稳，南北双向资金流动规模持续增长，交易范围不断扩大，截至2020年7月中旬，“十三五”期间累计成交金额超37万亿元，开通以来北向资金净流入1.15万亿元，南向资金净流入1.22万亿元。2018年5月，人民银行宣布互联互通每日额度从130亿元扩大到520亿元，更好满足了两地投资者的投资需求。2019年6月，“沪伦通”正式启动，“沪伦通”下首只全球存托凭证（GDR）产品挂牌交易，进一步丰富了资金跨境投资渠道。截至2019年末，境外投资者持有境内股票2.1万亿元，较2018年末增幅达82.5%。

2．不断优化合格机构投资者制度安排

近年来，以合格的境外机构投资者（QFII）、人民币合格的境外机构投资者（RQFII）为代表的合格机构投资者制度，对引进境外长期资金、引导价值投资、促进资本市场健康发展发挥了积极作用。2019年9月，QFII和RQFII的投资额度限制、试点国家地区限制一并取消，进一步提升了跨境投资便利度。2019年6月，中、日正式开启基于合格投资者制度的交易所交易基金（ETF）互通，进一步丰富了合格境内机构投资者的内涵，全球投资者对我国资本市场的热情和信心日益增强。

3．国际知名指数正式纳入A股并不断提升纳入因子

2018年6月，A股正式纳入明晟（MSCI）新兴市场指数，截至2019年11月纳入因子已提升至20%。2019年6月，富时罗素首次将A股纳入其全球股票指数系列，截至2020年6月纳入因子已提升至25%。2019年9月，标普道琼斯指数公司将A股纳入其

全球宽基指数，一次性纳入因子高达25%。三大国际指数全部将A股纳入，对A股引入境外长期资金、改善投资者结构、提升资源配置效率均具有积极影响。

4. 持续推进H股“全流通”改革

为解决境外上市公司（H股公司）的境外上市流通等问题，2017年12月，H股“全流通”试点工作正式启动，2018年三家企业完成试点。2019年11月，证监会发布《H股公司境内未上市股份申请“全流通”业务指引》，在试点经验基础上，全面推开H股“全流通”改革，有力支持了H股公司和H股市场发展。

（五）跨境资本流动便利化程度提高

党的十八大以来，在人民币经常项目可兑换的基础上，我国进一步改革货物、服务贸易外汇管理制度，按照简政放权、加强事中事后监督的要求取消单证审核或事前审批，大大提升了贸易便利化程度。资本项目外汇管理改革也不断深化，资本项目可兑换水平稳步提升，跨境投融资自由化便利化程度不断提高。

2019年10月，有关部门推出了优化外汇管理、促进跨境贸易投资便利化12条措施。在跨境贸易方面，扩大贸易外汇收支便利化试点地区范围，简化小微跨境电商企业货物贸易收支登记手续，允许承包工程企业境外资金集中管理。在跨境投融资方面，涉及境内股权投资、资本项目收入支付、外债登记管理、信贷资产转让等多个方面。上述措施为跨境贸易、外商投资提供了更加便利化的外汇管理政策，创造了更好的营商环境，为稳外贸稳外资提供了有力支撑。

（六）重点区域金融改革开放先行先试取得积极进展

1．上海国际金融中心建设步伐加快

2020 年 2 月，有关部门会同上海市政府联合发布《关于进一步加快上海国际金融中心建设和金融支持长三角一体化发展的意见》，从积极推进临港新片区金融先行先试、在更高水平上加快上海金融业对外开放和金融支持长三角一体化发展方面推出 30 条政策措施，提出对标国际最高标准，紧紧围绕建设“具有国际影响力和竞争力的特殊经济功能区”，探索更加灵活的金融政策体系、监管模式和管理体制，推动人民币金融资产配置和风险管理中心建设，推动上海国际金融中心在更大范围、更宽领域、更深层次的高水平开放发展。

2．深化内地与港澳金融合作迈出重要一步

推进粤港澳大湾区建设，是新时代推动形成全面开放新格局的新举措，也是推动“一国两制”事业发展的新实践。2020 年 5 月，《关于金融支持粤港澳大湾区建设的意见》发布，从促进粤港澳大湾区跨境贸易和投融资便利化、扩大金融业对外开放、促进金融市场和金融基础设施互联互通、提升粤港澳大湾区金融服务创新水平、切实防范跨境金融风险等五个方面提出 26 条具体措施。该意见的出台，将深化内地与港澳金融合作，为建设富有活力和国际竞争力的一流湾区和世界级城市群提供有力的金融支撑。2020 年以

来，已有多家银行业金融机构成立总行层面的粤港澳大湾区领导小组，形成了粤港澳三地分支机构联席工作会议机制，为大湾区提供金融服务。2020 年 6 月底，内地与港澳监管部门发表公告，在大湾区开展“跨境理财通”业务试点。“跨境理财通”业务试点将有利于满足大湾区居民个人自主投资、灵活配置资产的需求，促进大湾区居民个人跨境投资便利化，进一步深化粤港澳大湾区金融合作。

3. 海南自由贸易港金融领域双向开放全面启动

2020 年 6 月 1 日，中共中央、国务院印发的《海南自由贸易港建设总体方案》提出，力争通过分阶段、分步骤发展，到本世纪中叶，将海南全面建成具有较强国际影响力的高水平自由贸易港。支持海南自由贸易港建设的金融政策总体框架主要包含四个方面：一是金融服务于跨境贸易和投融资的自由化便利化；二是服务于海南对外开放的金融服务体系和金融服务能力建设；三是坚持围绕海南建设现代产业体系的重点产业政策取向；四是构筑海南自由贸易港建设的金融风险防控体系。

二、稳步推进人民币国际化

（一）人民币计价结算功能进一步加强

人民币在大宗商品计价方面取得重大突破，截至 2020 年 6 月末，俄罗斯、沙特、委内瑞拉等 9 个国家与我国在双边石油交易中采用了人民币结算。2018 年 3 月，以人民币计价的原油期货在上海国际能源交易中心（INE）挂牌交易，上市交易 8 个月后，INE 原油期货成交量就超过了迪拜商业交易所的阿曼原油期货，成为全球第三大石油期货交易市场，成交量占全球份额的 6% 以上。其他大宗商品方面，2014 年 9 月，上海黄金交易所开通了国际板业务；2018 年，大连商品交易所、郑州商品交易所分别上市铁矿石、精对苯二甲酸期货，引入境外交易者，以人民币计价结算。2020 年上半年，跨境贸易人民币结算业务发生 3.08 万亿元，直接投资人民币结算业务发生 1.72 万亿元。

（二）人民币投融资功能不断强化

随着我国金融市场双向开放的广度和深度不断拓展，境外主体参与境内金融市场交易持续快速增长。截至 2020 年 6 月末，境外主体持有境内人民币资产余额已超过 6 万亿元，资产结构也从以持有人民币存款为主，转变为持有的债券、股票等金融产品比重大幅提升。贸易融资领域，人民币成为仅次于美元、欧元的全球第三大贸易融资货币，2019 年人民币在全球贸易融资中的占比为 1.9%。外汇交易领域，人民币成为全球第八大外汇交易货币，开展人民币外汇交易的国家和地区数量超过 51 个。

（三）人民币储备地位逐渐提升

2016 年人民币加入特别提款权（SDR）后，境外货币当局持有人民币储备资产的意愿明显上升。据国际货币基金组织（IMF）相关数据，截至2020年一季度末，人民币外汇储备规模2 214.8亿美元，在全球可识别外汇储备中占比为2.02%，为世界第四大储备货币。截至2020年6月末，全球已有超过70个国家或地区央行把人民币纳入外汇储备，我国与其他货币当局签署双边本币互换协议超过3.4万亿元。

（四）人民币跨境支付系统不断完善

自2015年10月人民币跨境支付系统（CIPS）运行以来，业务功能持续完善，参与者数量、业务量不断攀升。2018年5月起，CIPS全面覆盖了全球各时区的金融市场，支持当日结算，满足了全球跨境人民币贸易、投融资业务的结算需要。截至2019年末，CIPS参与者覆盖全球六大洲89个国家和地区，业务实际覆盖全球161个国家和地区，全年处理业务188.43万笔，金额33.93万亿元，同比分别增长30.64%和28.28%，日均处理业务达到7 537笔，金额1 357亿元。

三、支持“一带一路”资金融通

（一）“一带一路”建设融资手段日益市场化、多元化

共建“一带一路”倡议以政策互通、设施联通、贸易畅通、资

金融通、民心相通为主要内容。其中，基础设施的互联互通、贸易货物的往来畅通，均离不开金融的支持、资金的融通。2017年与有关国家签署了《"一带一路"融资指导原则》，加强"一带一路"建设资金融通顶层设计。综合运用开发性、政策性金融机构和商业银行信贷资金、股权投资等形式，支持"一带一路"沿线国家基础设施建设和产能合作，提高东道国可持续发展能力和水平。充分发挥丝路基金引领带动作用，为"一带一路"沿线国家基础设施、资源开发、产业合作和金融合作等与互联互通有关项目提供融资支持。

（二）"一带一路"建设金融服务体系不断健全

持续加强与"一带一路"沿线国家和地区的货币合作。2019年，我国在9个"一带一路"沿线国家建立了人民币清算机制安排，与21个沿线国家签署了本币互换协议，人民币与9个沿线国家货币实现直接交易、与3个沿线国家货币实现区域交易。

不断丰富金融产品供给。金融产品全面涵盖信贷、担保、债券承销、并购重组、风险管理、支付清算等领域。支持双边互设金融分支机构，进一步提高金融服务"一带一路"质效。截至2019年底，共有11家中资银行在29个"一带一路"沿线国家设立了79家一级分支机构，另有来自23个"一带一路"沿线国家的48家银行在华设立了机构。

（三）“一带一路”建设多边金融协作逐步增强

我国先后通过人民银行出资30亿美元与国际金融公司（IFC）成立了联合融资基金，出资20亿美元与非洲开发银行成立了“非洲共同增长基金”（AGTF），出资20亿美元与泛美开发银行建立了“中国对拉美和加勒比地区联合融资基金”，向欧洲复兴开发银行的“股权参与基金”出资2.5亿欧元。上述联合融资机制投资额已超过30亿美元，项目数量近200个，覆盖欧洲、中亚、拉美等共建“一带一路”地区，涉及供水卫生、交通运输、农业、青年就业等领域。成立多边开发融资合作中心（MCDF），作为基础设施开发融资领域的多边合作平台。中资金融机构不断加强与多边开发机构、发达国家金融机构的融资合作，国家开发银行、中国银行、中国工商银行等中资机构积极与多边金融机构开展合作，加大对“一带一路”建设融资支持。

四、积极参与全球金融治理

（一）参与国际金融合作与政策协调

积极参与二十国集团（G20）、国际货币基金组织、世界银行、世界贸易组织等重要国际组织或协调机制，以及国际清算银行（BIS）、金融稳定理事会（FSB）、巴塞尔银行监管委员会

（BCBS）、国际证监会组织（IOSCO）等国际权威金融监管标准制定机构，与各国一道维护全球金融稳定。

大力推动多双边国际金融合作，共同创办了金砖国家新开发银行，积极参与东盟与中日韩（10+3）合作机制等区域组织，倡导创立清迈倡议多边化协议（CMIM）和亚洲债券基金，发起设立了亚洲基础设施投资银行等。

（二）推动国际金融体系改革和标准规则制定

推动健全国际金融组织治理。2016 年，我国担任 G20 轮值主席国期间，再次将国际金融架构列为重要议题，并在 2016 年 G20 杭州峰会审议通过了一系列具体成果，包括 G20 各国支持研究扩大 SDR 的作用、支持完善以 IMF 为核心的全球金融安全网、持续推进基金组织份额和治理结构改革等。

推动国际金融标准和规则制定。包括推动 G20 各国建立开放且具有抗风险能力的金融体系、推动制定《G20 数字普惠金融高级原则》、将绿色金融议题引入 G20 议程并创建绿色金融研究小组等。

（三）加强跨境金融监管协调合作

深化证券跨境监管合作。围绕近年来部分境外上市企业出现的涉嫌财务造假等问题，与境外相关监管机构保持密切沟通，在跨境证券执法、审计监管等领域进一步加强合作，共同推进健全国际金融治理体系。

深入参与反洗钱国际合作。积极参与金融行动特别工作组内部治理改革、反洗钱国际标准修订、新一轮互评、防扩散融资及类型研究等重要议题的讨论和决策。积极推进与重点国家和地区签署反洗钱监管合作备忘录工作。

学习贯彻习近平新时代中国特色社会主义经济思想

做好“十四五”规划编制和发展改革工作

系列丛书

第四章

“十四五”时期金融服务实体经济面临的挑战

第一节

国际环境变化对金融服务实体经济的挑战

当今世界正经历百年未有之大变局。“十四五”时期，和平与发展仍是时代主题，新一轮科技革命和产业变革给我国发展带来新的机遇，新兴经济体和发展中国家在世界经济格局中将扮演更重要角色。与此同时，世界经济发展的深层次结构性矛盾依然突出，叠加新冠肺炎疫情严重冲击，世界经济复苏困难重重，全球金融系统脆弱性上升，一些外部不利因素更易演化为对我国金融体系的负面冲击。做好金融服务实体经济工作，需要更加坚定地以我为主，更加灵活地趋利避害。

一、全球债务风险持续加大

（一）全球债务规模持续增长

为应对 2008 年国际金融危机，各主要经济体普遍实施超常规刺激政策，随之而来的是债务规模的快速攀升。根据国际清算银行（BIS）数据，截至 2019 年末，全球债务规模已经达到 191.4 万亿美元，与 GDP 的比重达到 243.2%；2008—2019 年，全球非金融企业部门杠杆率由 77.7% 上升至 94.5%，同期政府部门杠杆率从 63.6% 上升至 87%，居民部门基本保持在 60% 左右。在各国政府采取措施应对新冠肺炎疫情后，预计全球政府债务将首次超过全球 GDP 总和。全球不断增长的债务总量不仅增加了全球金融体系的不稳定性，也不断挤压各经济体宏观调控政策空间，应对外部冲击难度明显加大。从历史经验看，高杠杆是风险的源头，如果诱发全球性或区域性金融危机，我国发展的外部经济金融环境将明显恶化，进而影响我国金融服务实体经济质效。

（二）新兴经济体偿债风险加大

据国际金融协会统计，2019 年末新兴经济体债务余额占全球债务余额的 30% 左右。新兴经济体经济实力和抗风险能力相对较弱，特别是部分新兴经济体偿债收入来源严重依赖于国际贸易。

受贸易摩擦等因素影响，全球贸易增速下滑，新兴经济体偿债能力明显下降，外债与出口的比重由 2008 年的 100% 上升到了 2019 年的 160%，有的国家甚至达到了 300%。“十四五”时期，一些新兴经济体将面临偿债高峰，叠加新冠肺炎疫情冲击影响，违约风险进一步增大。新兴经济体是我国的重要经贸和投资合作伙伴，其债务风险对我国的负面影响不容低估。

二、超常规货币政策外溢效应进一步显现

（一）发达经济体超常规货币政策易用难收

为应对 2008 年国际金融危机，以美国为代表的发达经济体持续通过大规模量化宽松（QE）等超常规货币政策刺激经济增长。十多年来，发达经济体的经济表现不仅没有实质改善，反而日益呈现“低增长、低通胀、低利率、高负债、高风险”的窘境，货币政策空间日益收窄。面对突如其来的新冠肺炎疫情，发达经济体再次祭出超常规货币政策工具，短期内的政策刺激力度甚至超过 2008 年国际金融危机时期。2020 年 5 月末，美联储资产规模首次超过 7 万亿美元，2 个月时间增加约 2.3 万亿美元，扩张速度大大超出以往。考虑到疫情演变和世界经济前景的不确定性，未来一段时间发达经济体可能在来回摇摆中延续超常规货币政策的使用，货币政策完全走向正常化的可能性较小。

从历史经验看，超常规货币政策启动或加码时，资本以短期投资或股权债权形式输出到新兴经济体，以谋取高额利润，带来“溢出”效应，暂时刺激了新兴经济体股市和债市繁荣。超常规货币政策退出或减弱时，货币收紧，全球通货紧缩压力增大，部分资金从新兴经济体回流发达经济体，带来“溢回”效应，导致新兴经济体股市、债市下跌和货币贬值，甚至引发债务危机。阿根廷等国家的债务危机就是例证。在世界经济增长潜力持续下降的背景下，长时间超常规货币政策释放的资金对利率、流动性等因素的反应愈发敏感。“十四五”时期，发达经济体对超常规货币政策的微小调整都可能导致跨境资本流动加剧，“溢出”“溢回”效应循环往复，给新兴经济体带来严重冲击，我国金融服务实体经济工作也将面临更多挑战。

（二）主要金融市场脆弱性上升可能波及全球

过去十多年来，全球持续宽松货币环境使发达经济体股票、债券等金融资产价格高位运行，泡沫化风险严重。2020年初，新冠肺炎疫情冲击全球主要金融市场，美国股市出现大幅震荡，三大股指多次上演“熔断”，欧、日金融市场同步共振。在疫情没有得到有效控制、经济基本面尚未扭转之时，在应对疫情采取的超常规货币政策推动下，发达经济体金融资产价格短期内明显回升，泡沫化风险不仅没有得到出清，反而再次积聚。以美国为例，国际货币基金组织2020年6月发布的《全球经济展望》预计，2020年美国经济将萎缩 8%，在经济衰退已成定局的情况下，纳斯达克指数却不降反升，甚至还创了历史新高，道琼斯指数也基本恢复到疫情之前水平。金融资产价格与经济基本面的长期大幅背离终非常态，“十四五”时期，如果超常规刺激政策减弱，或者经济增长不及预期，都有可能导致发达经济体金融资产价格泡沫破灭并波及全球，使我国资本市场面临外部输入性风险，进而影响金融服务实体经济。

三、国际金融竞争加剧

（一）各国竞相争夺优质金融资源

近年来，围绕国际金融主导权的争夺日趋激烈。在经济全球化、数字化、信息化的趋势下，主要经济体纷纷加大了金融理念与模式创新，提高金融业竞争力，争夺金融定价权，意图占据未来国际经济金融竞争的制高点。各经济体特别是亚洲经济体，着力建设作为金融资源重要载体的国际金融中心，分别支持东京、新加坡、迪拜等城市通过放松管制、创新规则、优化服务等方式争夺优质金融资源。比如，新加坡证券交易所于 2016 年在亚洲范围内率先允许同股不同权企业上市，以吸引世界具有高成长潜力的高新科技公司在新加坡上市。“十四五”时期，上海、香港作为我国重点支持的国际金融中心，将会面临更大竞争压力。

（二）金融科技国际角逐日渐激烈

大数据、云计算、区块链、人工智能等高科技快速发展，为全球范围内的金融创新提供了强劲动力，与之相关的新金融模式、金融技术、金融业态、金融产品、金融主体等快速发展，将成为国际金融的未来发展潮流。美国因其发达庞大的市场和独特的创新机制，在金融科技的国际竞争中居领先地位，欧、日等发达经济体也各具优势。部分新兴经济体紧跟潮流、加大投入，期待在金融科技的全球竞争中后来居上。我国将在金融科技领域面临更多更激烈的竞争。

四、国际金融体系治理短板日益凸显

（一）以美元为中心的国际货币体系弊端日显

现行国际货币体系仍以美元为中心，美元承担了主要国际储备和结算货币功能，在保持全球流动性、调节国际收支和促进经济全球化发展等方面发挥了积极作用。但美元权利义务不对等，在享受铸币税、低融资成本和高支付能力等好处的同时，对流动性创造却缺乏有效约束。在世界经济下行压力加大的背景下，“美元放水全球买单”的现象，不仅加大了新兴经济体和发展中国家经济调整难度，而且加剧了国际金融市场动荡。国际社会对美元主导的国际货币体系进行改革的呼声日隆。

（二）国际金融组织协调能力不足

国际货币基金组织等国际金融组织是主要的全球金融治理机构，也是全球金融安全网的重要组成部分。随着新兴经济体和发展中国家的经济实力日益增强，各国际金融组织的代表性、前瞻性未能与时俱进，股份分配未能及时恰当地反映国际经济格局的重大变化，导致国际金融组织协调能力不足，难以有效协调各主要经济体的货币政策，难以有效组织新兴经济体和发展中国家应对超常规货币政策的外溢效应。

▌第二节▐

国内环境变化对金融服务实体经济的挑战

“十四五”时期，我国需求结构、产业结构、要素供给结构等都将呈现新特征，创新驱动成为经济增长主要动力，超大规模市场优势持续显现，经济实力显著增强，经济结构进一步优化，为金融服务实体经济开辟广阔空间。但也要看到，与适应我国社会主要矛盾转化的要求相比，与建设现代化经济体系、推动高质量发展的要求相比，金融服务实体经济短板仍然较多，一些长期积累的风险隐患持续暴露也将带来新的挑战。必须加快完善市场机制、提高资源配置效率、加强金融监管能力、扩大双向开放，推动金融服务实体经济的质效再上新台阶。

一、资金价格的市场化形成机制改革有待进一步深化

（一）利率市场化改革仍在路上

经过多年改革，我国货币市场利率和债券市场利率已经实现市场化，但存款利率尚未完全市场化。2019 年以来，通过贷款利率挂钩贷款市场报价利率（LPR）、贷款市场报价利率（LPR）挂钩中期借贷便利（MLF）利率的方式，初步形成了从政策利率到市场利率进而到实体信贷利率的传导机制，迈出了利率市场化改革的关键一步。“十四五”时期，经济发展方式转变对资源配置效率提出更高要求，需要以更加灵敏有效的资金价格信号引导资金流动。市场化利率的传导机制还有不少需要完善的地方，如中期借贷便利（MLF）等政策工具利率对市场资金供求关系反映尚不充分，金融机构因缺乏足够的利率风险对冲工具，全面运用贷款市场报价利率（LPR）定价还面临一些困难，一些较小的地方法人机构自主定价能力不足等。同时，存款利率市场化改革也需要跟进。

（二）人民币汇率市场化程度仍需提高

“十四五”时期，进一步发挥市场在汇率形成中的决定性作用、增强人民币汇率弹性是畅通国内国际双循环的客观要求，但外汇市

场的广度、深度还不够，对汇率市场化程度的提高构成一定制约。在实需原则下，交易主体同质性较强，交易方向单一，不利于人民币汇率合理均衡价位的实现，也不利于实体经济进行汇率风险管理。同时，没有外汇头寸但受汇率变动影响的企业难以进入境内市场参与交易，这既提高了企业的汇率风险管理难度，也限制了境内市场规模的拓展空间，迫使部分交易需求转移至境外市场，加剧境内外市场的参与者差异，容易导致境内外汇率的大幅度背离，进而引发市场波动。

（三）国债收益率的基础定价作用仍不充分

国债具有低风险和高流动性的特征，是金融产品定价的重要基础和中央银行公开市场操作的重要载体，是财政政策和货币政策协调配合的重要契合点。党的十八届三中全会提出“健全反映市场供求关系的国债收益率曲线”以来，短期国债实现滚动发行，国债续发行机制不断完善，国债随买随卖做市机制逐步健全，国债二级市场流动性不断提高，国债收益率曲线数据质量不断改善。目前，已形成涵盖 3 个月到 30 年短、中、长期较为完整的国债收益率曲线。但与发达国家相比，我国国债流动性相对较低，市场存在一定程度分割，国债收益率曲线对金融产品的基础定价作用仍未得到充分发挥。

二、宏观融资结构有待进一步优化

（一）直接和间接融资结构失衡

发达的直接融资市场不仅是成熟金融市场的特征，也是创新发展的重要支撑。相比间接融资，直接融资不仅可以通过严格的信息披露等制度将资金配给效率高的资金使用者，而且可以更好地满足资金使用者和资金供给者对期限的要求，最大程度降低资金使用者和金融体系的期限错配风险。“十四五”时期，我国经济发展将进一步由要素驱动转向创新驱动，市场主体创新的高风险特征和商业银行低风险偏好之间的客观矛盾，迫切需要更多直接融资予以支持。我国直接融资市场发展相对滞后，截至 2019 年末，我国各类金融机构提供的间接融资规模约占全部社会融资余额的 70%，同期股票、债券融资等直接融资规模占比仅约为 30%。同时，已发行债券中相当部分由商业银行持有，亦有较强的间接融资色彩。在商业银行普遍存在规模偏好、客户分层不够的情况下，容易造成资金过多流向大型企业，而中小微企业和创新型企业的合理资金需求无法得到较好满足。“垒大户”倾向也容易降低金融资源的配置效率，甚至成为“僵尸企业”形成的温床。

（二）直接融资中股债融资结构失衡

相比债权融资，股权融资具有可永久使用，无固定利息负担、吸收风险损失等优势，对于当期风险较高、但发展前景良好的创新型企业发展尤为重要。在直接融资发展滞后的情况下，我国股权融资发展相比债权融资又相对薄弱。截至 2019 年末，社会融资规模中的非金融企业部门企业债券累计融资余额约 23.47 万亿元，同期非金融企业股票现金融资约 7.36 万亿元，若考虑股票非现金融资、新三板融资、区域性股权市场融资及非上市非挂牌企业吸收的私募基金等，股权融资规模总计约 17 万亿元。非金融企业部门的债券还本付息负担较重，容易积聚债务风险，不利于宏观经济发展质量的提高。

（三）股权融资内部功能失衡

高质量的股权融资既可以为企业提供低成本资金，也能通过股东治理提升企业经营效率、推动产业整合。“十四五”时期，我国经济转向高质量发展阶段，传统产业的转型升级、兼并重组和创新产业的探索萌生、发展壮大均需要发达的股权融资市场予以支持。但我国股权融资结构性失衡，导致这方面的优势还无法充分发挥。在投资布局上，包括证券投资基金在内的机构投资者主要在二级市场投资上市公司股票，目的多为获取价格波动带来的收益，对企业治理水平和效率改善作用有限。创业投资和私募股权投资是对高成长性企业的直接投资，但行业发展仍不充分，“募投管退”各环节都存在一定困难，对推动传统产业整合、实施创新驱动发展战略等方面的作用仍有待进一步发挥。

三、金融对重点领域薄弱环节支持力度有待进一步加大

（一）金融服务重大战略需要落实落细

我国正加紧实施京津冀协同发展、长江经济带发展、粤港澳大湾区建设、海南全面深化改革开放、长三角一体化发展、黄河流域生态保护和高质量发展等一批事关长远的重大区域发展战略。这些战略大多已出台实施方案，提出了区域金融体系构建、特色金融产业发展、金融市场互联互通等举措。但在实践过程中，区域金融改革主体责任还需要进一步明确，支持重大战略的金融制度安排还需加强统筹，金融机构发展、金融市场培育、金融服务提供和金融监管等各领域缺乏对重大战略的特殊设计，金融机构和金融服务立体化布局有待进一步提升。开发性、政策性金融在支持重大战略方面的引领和示范作用还不够突出，与商业性金融机构的协调水平还不够高，重叠支持和支持空白同时存在。这些都需要进一步强化顶层设计，深化金融体制改革，细化、实化、差别化金融政策，增强针对性和可操作性。

（二）普惠金融普及力度需要继续加大

农业农村农民问题是关系国计民生的根本性问题，小微企业是实施就业优先政策的重要力量，帮助低收入人群、贫困人群等特殊群体是实现全体人民共同富裕的必然要求。"十四五"时期，要继续大力普及普惠金融，加大对乡村振兴、小微企业和特殊群体发展的支持力度。但是资产质量不高、抗风险能力差、治理结构不完善等问题制约了农村金融机构服务"三农"质效的提高。金融科技服务滞后、金融机构覆盖率低，影响了边远地区、特殊群体的金融可获得性。融资渠道有待拓宽、金融机构类型结构不合理、服务理念有待提升等问题导致小微企业融资难、融资贵问题依然比较突出。

（三）金融对绿色发展的支持需要更加系统化

绿色发展是当前和今后要长期坚持的理念。近年来，绝大部分金融机构尚未将绿色金融提升到发展战略层面，部分已经进入实践探索阶段的金融机构，落实绿色金融也大多停留于具体经营层面，尚未制定专门的绿色金融战略目标和发展规划。金融机构在公司治理层面普遍尚未建立起与绿色金融配套的制度，也缺乏绿色金融发展需要的激励机制，金融机构的环境保护和社会责任意识很容易被经营考核压力和现实的经济效益冲淡。绿色金融的政策目标还不完善，近年来主要集中在对"两高一资"企业进行信贷投放限制和促进节能减排等短期目标的实现上，对绿色金融缺乏更加完整的战略安排和政策配套。

四、防范化解金融风险能力有待进一步增强

（一）防范化解金融风险的监管体系有待健全

防范化解金融风险是一项长期任务，需要科学、有效、协调的监管机制作为支撑。“十四五”时期，国内金融风险虽总体可控，但一些长期积累的风险矛盾将继续显现，并与新的金融风险相互交织，未来仍会出现不少新的风险点。金融监管的整体性、协调性不足，宏观审慎管理工具还不够丰富，宏观审慎管理与微观审慎监管之间的关系有待进一步厘清，宏观审慎管理政策与宏观经济调控政策之间协调配合仍需进一步加强，中央和地方、各监管部门等多方力量还需要进一步统筹协调，金融监管适应性仍有待完善，金融乱象仍存在死灰复燃的可能。

（二）防范化解金融风险的能力与手段相对不足

“十四五”时期，随着经济社会和技术创新的发展，金融产品及业态将更为复杂，交易频率更高，资金流动更快，金融风险更易在机构间、市场间、地域间传导，给防范化解金融风险任务带来更严峻的挑战。防范化解金融风险尚难以依据不同的金融业态、机构及产品特点制定差异化的监管措施，亦难以精准区分微观个体风险与宏观系统性风险，对具体风险的操作措施针对性不强。同时，随

着金融科技等新技术的兴起，传统监管手段难以完全满足监管实践的要求，存在监管科技发展落后于金融科技发展的风险。

（三）防范化解金融风险过程中金融机构退出的市场化改革滞后

金融机构是重要的市场主体，也需要通过市场机制优胜劣汰。如果存在严重问题的金融机构无法及时退出，不仅占用大量金融资源，其承载的信用中介功能还会导致风险快速集中，危害远甚于同等规模的实体企业。从实际情况看，我国金融机构市场化退出机制还未完全确立，问题金融机构退出过程中的接管、重组、撤销、破产处置程序和机制仍需要进一步细化，特别是金融机构债权人对金融机构的刚性兑付预期依然较强，不利于培养成熟的风险防范意识，这在某种程度上助长了金融机构的高风险投机冲动，增大了金融体系和整体经济的风险。作为防范化解金融风险的重要环节，“十四五”时期，必须进一步建立和完善金融机构市场化退出机制。

五、金融国际竞争力有待进一步提升

（一）我国金融业国际竞争能力相对较弱

“十四五”时期，为服务畅通国内国际双循环，我国金融市场在制度、规则和监管等方面需要进一步与国际接轨，金融业应对国际性金融机构竞争的能力和经验需要进一步提高。我国金融市场开放仍有空间，金融业与国际同业真正处于同一竞争平台还需付出较大努力。我国商业银行、保险公司、证券公司、基金管理公司等各类金融机构虽在海外积极设立分支机构，但海外布局的广泛性、所提供金融产品服务的适应性有待完善和加强。我国金融机构跨国经营时的合规管理能力有待提高，对境外监管规则的适应能力不足。金融业与企业走出去的协调配合机制还不完善，尚未形成相互支持相互促进的局面。

（二）人民币国际化程度与我国在世界经济中的地位不相匹配

“十四五”时期，我国综合实力和国际地位将进一步提升，但人民币在国际支付、外汇储备、外汇交易等方面承担的功能与我国在全球经济贸易领域的地位仍然存在明显差距。国际支付方面，根据环球同业银行金融电讯协会（SWIFT）数据，2019 年人民币在国际支付中的占比在 1.65% ~ 2.22% 之间，全球排名在 5 ~ 6 名，落后于美元、欧元、英镑和日元。外汇储备方面，根据国际货币基金组织（IMF）数据，2019 年末，全球可确认币种的外汇储备中人民币仅占 2.02%。在外汇交易方面，根据国际清算银行（BIS）数据，2019 年人民币外汇日均交易额位列全球第八。

六、金融发展的保障能力有待进一步提高

（一）部分金融基础设施建设滞后

金融基础设施是现代金融体系的关键节点，是维护金融安全和防范化解金融风险的重要支撑。近年来，我国金融基础设施建设步伐加快，取得了显著成效。“十四五”时期，我国金融市场广度深度将不断拓展，金融产品和服务创新将进一步加快，金融科技发展日新月异，金融体系的这些发展变化都对金融基础设施建设提出了更高要求。从实际情况看，相同功能的金融基础设施在不同金融市场仍存在分割，如债券产品登记托管尚未统一，容易形成监管套利；各领域信用数据仍未完全打通，征信、评级等机构作用尚未充分发挥；新型金融产品数据统计和监测仍然滞后，不利于及时监测风险、优化监管；专利权、商标权等知识产权价值的评估、登记、交易体系建设仍不完善，对创新型企业融资形成制约。

（二）金融法治尚不健全

“十四五”时期，全面依法治国将继续深入实施，随着金融服务实体经济活动不断拓展，需要完善的金融法治作为保障。中国人民银行法、商业银行法、银行业监督管理法、保险法等关键法律有待修订完善，宏观审慎管理、功能监管和行为监管的框架尚未在法

律层面予以确立。金融统计相关法规不健全，金融管理部门和统计对象的权利义务关系尚不明确。非存款类放贷组织仍然存在法律地位不明、法律规范缺乏的问题；金融机构市场化退出的法律规范仍不明确，解决处置乱办金融引发相关风险的法律依据和手段不足。金融执法、司法有待加强，执法力量尚显薄弱，社会普遍认为金融违法成本不高，难以对违法行为形成实质性威慑。涉众型金融纠纷案件诉讼机制、行政和解调解、仲裁等多元化纠纷解决机制仍不完善。

（三）高端金融人才短缺

金融业的竞争说到底是人才的竞争。高端金融人才的缺乏，已成为制约"十四五"时期金融有效服务实体经济的重要瓶颈。风险定价和管理人才匮乏，商业银行过度依靠抵押担保等方式开展信贷业务，对企业特别是中小微企业信用风险的定价和管理能力薄弱，一定程度上导致了先进制造业、创新创业企业和中小微企业融资难融资贵的现象。股权管理人才匮乏，特别是适应我国经济高质量发展需要，能够在优化企业经营管理、提升全要素生产率、推动产业整合等方面发挥重要作用的赋能式股权投资管理人才更加短缺。

第五章

“十四五”时期做好金融服务实体经济工作的若干考虑

第一节

进一步完善金融调控体系

“十四五”时期，要在国家宏观调控框架下，健全金融调控体系，创新金融调控方式，完善货币政策和宏观审慎政策，增强货币政策与财政、就业、产业、投资、消费、区域等政策的协同性，为经济高质量发展营造良好的货币金融环境。

一、完善货币政策和宏观审慎政策双支柱调控框架

健全科学有效的货币政策体系。加快推动货币政策调控框架由数量型为主向价格型为主转型，深化利率和汇率市场化改革，充分发挥市场在金融资源配置中的决定性作用。优化货币政策目标体系，更加重视就业目标。疏通货币政策传导机制，更好发挥结构性

货币政策工具作用，从制度上激励金融机构加大对民营和小微企业的支持力度，使流动性更有效、更精准地流到实体经济。加强预期管理，提高货币政策透明度和有效性。

健全宏观审慎政策框架。明确宏观审慎政策目标、风险评估、政策工具和治理机制，更加灵活、全面、有效地发挥逆周期调节作用。加强系统性金融风险监测评估和预警能力建设，更加注重防范跨机构、跨市场、跨区域及跨境风险传染，维护金融体系安全稳健运行。

加强货币政策与宏观审慎政策协调配合。坚持货币政策保持币值稳定并以此促进经济增长、宏观审慎政策维护金融稳定的目标定位。更加注重货币政策与宏观审慎政策的相互配合、相互补充、相互强化，从根本上提高金融调控的有效性，维护经济稳定和国家金融安全。

二、疏通货币政策传导机制

完善利率传导机制。完善政策利率体系，进一步健全利率走廊机制，增强利率调控能力。优化市场利率体系，以市场供求关系为基础，通过货币政策操作调节市场流动性，促进政策利率向市场利率的传导。进一步深化贷款市场报价利率改革，扩大贷款市场报价利率报价行范围，完善报价形成机制，健全考核机制，增强贷款市场的竞争性，疏通货币市场利率向贷款利率的传导渠道，推动降

低贷款实际利率，切实降低实体经济融资成本。完善国债收益率曲线，充分发挥国债收益率在市场利率定价中的基础性作用。

健全“敢贷、愿贷、能贷”长效机制。“敢贷”方面，切实落实授信尽职免责考核和容错纠错机制，解除银行后顾之忧。继续完善政府性融资担保体系，合理分担风险。加快涉企信用信息平台建设，提高中小微企业信息透明度，解决中小微企业信用缺失问题。“愿贷”方面，通过完善差异化考核和激励等方式激发银行内生动力，督促银行在内部考核机制中提高民营和小微企业融资业务权重，加大正向激励力度。“能贷”方面，多渠道补充中小银行资本，提高对中小微企业的信贷投放能力。完善不良贷款核销政策，支持银行加快处置不良资产，将盘活资金重点投向民营和中小微企业。

三、发挥金融调控与其他宏观调控政策的合力

健全以国家发展规划为战略导向，以财政政策和货币政策为主要手段，就业、产业、投资、消费、区域等政策协同发力的宏观调控制度体系。强化金融政策对国家发展规划的支撑作用。根据国家发展规划确定的重大战略任务，制定金融领域专项规划，引导金融要素资源配置方向和结构。货币政策取向的确定，要充分考虑国家发展规划目标、经济发展形势等。围绕实现党和国家的战略意图和中长期发展目标，增强重大战略和发展规划对金融调控措施的宏观引导、统筹协调功能，强化国家战略在各个层面的统一落实，确保

一张蓝图干到底。

加强货币政策与其他宏观经济政策之间协调配合。强化货币政策与财政、产业、区域等经济政策协调，加强部门协同，创新直达实体经济的货币政策工具，推动经济高质量发展。加强货币政策与财政政策的有效配合，合理确定政策取向及组合，形成调控合力。充分发挥国债作为财政货币政策调控结合点的功能，优化基础货币投放机制。

▎第二节 ▎

进一步调整优化金融结构

“十四五”时期，要大力推动金融体系结构调整优化，重点是优化融资结构和金融机构体系、市场体系、产品体系，为实体经济发展提供更高质量、更有效率的金融服务。

一、加快建立规范、透明、开放、有活力、有韧性的资本市场

深化注册制改革。继续完善科创板建设，加快推出各项创新制度，推动科技、产业与金融良性循环，支持更多“硬科技”企业利用资本市场发展壮大，带动资本市场全面深化改革。统筹推进创业板和新三板改革，增强投融资功能，提升市场活跃度，稳步在全市

场分阶段实现注册制改革目标，在更大范围、更深层次上推动释放市场活力。

完善资本市场基础制度。进一步完善发行、上市、信息披露、退市等基础性制度，优化再融资、并购重组、减持、分拆上市等制度，提高市场效率，激发市场活力。按照市场导向、立足国情、统筹谋划、审慎推进的原则，围绕提高市场有效性和安全性的目标，稳步推进交易制度改革。从把好入口、畅通出口、加强监管等方面精准发力，不断提升上市公司质量。完善投资者保护的法律制度体系，加强投资者教育与服务，保护投资者合法权益。

增强资本市场融资功能。显著提高直接融资特别是股权融资比重，积极引导更多中长期资金开展股权投资。为基金、保险、企业年金等各类机构投资者入市创造良好环境，大力发展权益类基金，畅通境外主体投资渠道。提升创业投资战略地位，促进其更好发挥对创新创业创造的支持作用。规范发展区域股权融资市场。扩大债券融资规模，创新债券品种体系，推进债券市场互联互通。加大期货、期权产品供给和制度供给，为实体经济提供更多风险管理和套期保值工具。强化发行人和中介机构的责任和能力，努力建设国际一流的投资银行和财富管理机构。

二、加快构建多层次、广覆盖、有差异的银行体系

优化大中型银行功能定位。开发性、政策性银行要明确细化业

务边界，落实开发性业务和商业性业务、政策性业务和自营性业务分账管理、分类核算要求，强化法规约束、资本约束和市场约束，有效服务国家重大战略和薄弱环节。大型商业银行要在“做强”上下功夫，根据自身发展战略、经营特色和客户需要，提升综合金融服务水平；借助现代科技手段发展线上业务，增强普惠金融服务能力。股份制商业银行要坚持差异化市场定位，实现特色化经营，形成具有比较优势的业务模式，不断提升核心竞争力。

引导地方中小银行回归本源。城市商业银行要建立审慎经营文化，合理确定经营区域，服务地方经济、小微企业和城乡居民。农村中小银行要坚持支农支小市场定位，增强县域服务功能，支持乡村振兴战略。在保持县域法人地位总体稳定的前提下，因地制宜对农村信用联社和农村合作银行实施股份制改造。优化社区金融服务，鼓励银行机构采用线上线下多种形式延伸服务网络，为社区企业和居民提供方便快捷的金融服务。继续推动符合条件的民营银行发起设立。

三、加快创新全周期精准支持实体经济的金融产品体系

金融机构要适应发展更多依靠创新、创造、创意的大趋势，根据不同发展阶段企业不同性质和特点的融资需求，着力构建适应企业生命周期的完整金融产品体系，运用多种方式为实体经济高质量发展提供金融支持，提高金融服务质量和水平。发展创业投资，构

建促进创业投资发展的制度环境、市场环境和生态环境，鼓励创业投资扩大投资规模，加大对初创期企业支持力度。建立创业投资与各类金融机构长期性、市场化合作机制，推动发展投贷联动、投保联动、投债联动等新模式，不断加大对成长期企业的投融资支持。加快多层次资本市场建设，提高对成熟期企业金融服务水平。

第三节

进一步加强金融对重点领域和薄弱环节的支持

“十四五”期间，金融要把为实体经济服务作为出发点和落脚点，突出重点、聚焦短板，全面提升服务效率和水平，为深化供给侧结构性改革和推动经济高质量发展发挥更大作用。

一、大力支持创新驱动发展战略

拓展服务创新驱动发展的多元化融资渠道。引导金融机构根据创新创业企业不同阶段资金需求及风险收益特征，在产品设计、贷款准入、考核激励、风险容忍度等方面建立特别制度安排，鼓励提供更多中长期低成本资金，提供全周期金融服务。引导创业投资和其他股权资金更多投资创新创业企业，完善相关税收、募资、退出等差异化制度安排。进一步优化创新创业企业上市和债务融资渠道，利用资本市场做大做强。完善服务创新驱动发展的金融保障机制。建立创新创业企业信用增进机制，积极发挥融资担保增信功能，支持融资担保公司与金融机构合作，为创新创业企业提供信用增进服务，完善政策性融资担保体系，建立科技融资风险分担和风险补偿机制。

二、大力支持乡村振兴战略

鼓励银行业金融机构加大对“三农”领域的信贷投放。拓宽农村抵质押品范围，推广农村承包土地的经营权等抵押贷款业务。结合农业生产的季节特点和生产周期，创新“三农”小额贷款产品，满足不同类型和规模的农业经营主体融资需求，积极支持农业特色化、精品化、生态化发展。完善大型农机具、农业生产设施和加工设备融资租赁服务。加大政府性融资担保对“三农”领域支持力度。持续推进农业保险扩面、增品、提标，推进稻谷、小麦、玉米等重要农产品完全成本保险和收入保险试点。支持农村一二三产业融合发展，支持建设一批农村产业融合发展示范园、农业产业强镇和中国特色农产品优势区，支持建设乡村旅游重点村。大力推动发展乡村新型服务业，支持现代农业设施建设。

三、大力支持区域协调发展战略

金融机构要充分考虑各区域发展战略、区域板块的特色和发展定位，综合制定金融支持整体方案。以疏解北京非首都功能为重点推进京津冀协同发展，支持雄安新区重点项目建设。以生态优先、绿色发展为引领推进长江经济带发展，支持创新转型绿色发展，推动综合交通运输体系建设。积极支持粤港澳大湾区建设，加快建设国际金融枢纽和科技创新金融支持平台，大力发展特色金融产业，有序推进金融市场互联互通。积极支持长三角一体化发展，推动高标准建设长三角生态绿色一体化示范区，加快推进上海国际金融中心建设，扩大金融业高水平开放。大力支持黄河流域生态保护和高质量发展。积极支持推进西部大开发形成新格局和东北地区全面振兴全方位振兴，配合完善中部地区崛起政策体系和工作机制，继续推动东部地区率先发展。支持国家级新区等重要功能平台深化改革创新。发挥金融对海洋经济发展和海洋强国建设的支持作用。

支持特殊类型地区振兴发展。加大对革命老区、少数民族地区、边境地区、生态退化地区等特殊类型地区振兴发展的金融支持力度。鼓励创新金融支持方式，支持赣闽粤、陕甘宁、大别山、左右江、川陕等革命老区重大基础设施项目建设。鼓励国家开发银行、中国进出口银行和农业发展银行结合自身定位，为边境县市、边境平台和边贸企业提供低成本融资支持。鼓励金融机构参与生态保护修复和生态保护补偿，设立共同治理基金，加快恢复和改善江河湖泊生态系统，支持落实开发性金融支持产业转型升级示范区合作协议，进一步推进产业结构调整和城市更新改造。

四、大力支持新型城镇化建设

积极支持超特大城市提升国际竞争力，推动省会和地级市等大中城市优化城市功能，加大改善公共服务品质。积极支持城市群重点领域发展，支持重点都市圈交通设施互联互通项目建设，提升城市群和中心城市综合承载力。积极支持新型智慧城市建设，提升城市治理现代化水平。加大对县城新型城镇化建设资源倾斜力度，推动提升县城公共设施和服务能力，支持县城医疗卫生设施、教育设施、养老托育设施、文化体育设施、社会福利设施和社区综合服务设施建设。支持推进市政交通设施、市政管网设施、配送投递设施、老旧小区更新改造和县城智慧化改造，支持完善产业平台配套设施、冷链物流设施和农贸市场。加大对县城产业转型升级示范园的支持力度。

五、大力发展普惠金融

实施差别化信贷支持政策，合理调整商业银行宏观审慎评估参数，鼓励金融机构增加民营企业、小微企业信贷投放。鼓励银行业金融机构通过单列信贷计划、实行内部资金转移定价优惠等形式，强化服务民营企业和小微企业的资源保障。深入开展“信易贷”工作，支持金融机构合理提高信用贷款比重，减轻对抵押担保的依赖。积极稳妥发展供应链金融服务。完善绩效评价体系，健全可持续的资本补充、风险补偿机制，引导政府性融资担保机构聚焦支小支农、扩大业务规模、降低费率水平，加大对民营和小微企业增信支持。探索金融科技在客户信用评价、授信准入、风险管理等环节的应用，有效提升金融服务覆盖面。在风险可控的前提下，发展民营企业和小微企业贷款保证保险。积极支持符合条件的民营企业扩大直接融资，加快民营企业首发上市和再融资审核进度，促进新三板成为创新型民营中小微企业融资的重要平台。支持民营企业债券发行，鼓励金融机构加大民营企业债券投资力度。

六、大力发展绿色金融

完善绿色投融资体系。建立健全环境与社会风险管理体系，将环境、社会、治理要求纳入授信全流程，强化环境、社会、治理信息披露和与利益相关者的交流互动。鼓励银行业金融机构通过设立绿色金融事业部、绿色分（支）行等方式，提升绿色金融专业服务能力和风险防控能力。积极发展能效信贷、绿色债券和绿色信贷资产证券化，稳妥开展环境权益、生态补偿抵质押融资，依法合规设立绿色发展基金，探索气候债券、蓝色债券、环境污染责任保险、气候保险等创新型绿色金融产品，支持绿色、低碳、循环经济发展。

加大对生态环境治理支持力度。支持北方地区冬季清洁取暖长效机制建设，加大储能储气设施建设支持力度，结合区域实际情况增加对钢铁行业超低排放技术改造贷款投放，支持铁路专用线建设。推进海绵城市建设，支持城镇污水垃圾和医疗废物处理等环境基础设施建设。积极支持推动长江、黄河生态环境保护重大工程建设，推动渤海综合治理、水源地保护等项目建设。

第四节

进一步强化金融监管和风险防范

“十四五”期间，要着力完善符合现代金融特点和我国国情、统筹协调监管、有力有效的现代金融监管框架，进一步创新监管方式，实现对金融机构、业务、活动的全覆盖，持续做好金融风险防范化解工作。

一、完善金融监管体制

强化金融监管协调。充分发挥国务院金融稳定发展委员会统筹协调作用，落实好党中央、国务院关于金融工作各项决策部署，增强金融监管协调性、权威性、有效性。强化人民银行宏观审慎管理和系统性风险防范职责，继续发挥好宏观审慎评估防范系统性金融风险的积极作用。进一步理顺监管职责分工，健全监管协调配合机制，加强微观审慎监管，提高风险处置的及时性、有效性。压实地方金融监管职责，加强基层监管力量，增强监管执法能力。健全跨区域监管协作机制，共同打击跨区域违法违规金融活动。建立健全对监管机构的问责制度。

加强功能监管。对不同金融机构开展的具有同一或相似功能的金融产品和业务，按照"实质重于形式"原则，实行公平统一的市场准入和监管，防止监管套利和规避监管行为。全面实施金融机构及业务持牌经营，把线上线下各类新型金融业态纳入监管体系，严厉打击无牌照和超范围非法金融活动。健全金融控股公司监管机制，加强对非金融企业设立金融控股公司的监督管理。对各类跨行业、跨市场复杂金融产品，要强化监管部门信息共享，运用现代信息技术对产品全链条、资金流动全过程实施穿透式管理，弥补监管短板，消除监管真空。

强化行为监管。健全以维护市场有效、公平、有序竞争秩序，保护金融消费者和投资者合法权益为核心的行为监管体系，完善消费者和投资者权益保护事前、事中、事后监管机制。加快健全投资者适当性制度，加强消费者和投资者教育，推动金融机构将消费者和投资者权益保护和适当性管理纳入内部管理、产品设计、营销推介、售后管理等各环节。完善信息披露制度，加大对信息披露违规行为处罚力度，完善跨境监管协作机制，严厉打击虚假信息披露和会计造假行为。加强中小投资者权益保障，完善纠纷解决、赔偿救济、司法诉讼机制。

创新金融监管方式。运用金融科技手段和支付结算机制，优化监管方式。稳步推进央行数字货币研发推广，加大对洗钱、恐怖融资、贪腐等非法行为的打击力度。完善个人金融信息隐私保护法律法规，明确信息传输、应用、销毁全流程使用规范，提升金融信息安全性。进一步探索建立“监管沙盒”制度。

二、健全金融风险防范处置机制

加强风险早期识别和干预。加强金融风险监测与评估，动态排查金融风险情况，制定风险处置预案，做好金融机构评级、压力测试、稳健性评估工作，充实防范金融风险的政策工具箱。推动金融机构健全法人治理结构，完善风险管控体系，坚决防止内部人控制，增强金融机构风险防控能力。进一步健全符合我国国情的存款保险制度，强化存款保险制度对金融机构风险早期纠正机制的作用，推动金融机构审慎经营、健康发展。

完善市场化法治化风险处置机制。完善金融风险应急管理和处置预案，健全风险处置相关规章制度，优化处置流程。压实金融机构自救主体责任、地方政府风险处置属地责任、金融监管部门监管责任。明确对问题金融机构的接管、重组、撤销、破产处置程序和机制，推动问题金融机构有序退出。坚持市场化处置原则，明确股东、债权人自救义务，落实股东责任，相关主体依法分担损失。发挥存款保险以及证券、期货、信托和保险等行业保障基金的风险保障作用，健全市场化风险处置和救助机制。

第五节

进一步深化金融对外开放

“十四五”时期，要根据国际经济金融形势变化和我国发展战略需要，积极参与全球金融治理，不断提升金融业开放水平，持续提高我国金融业国际竞争力，增强服务实体经济能力。

一、不断扩大金融业双向开放

进一步完善金融机构对外开放相关制度安排。抓紧修订相关法律法规，确保已宣布的金融对外开放措施尽快落地。全面落实准入前国民待遇加负面清单制度，不断优化外资金融机构经营的制度环境，提高法律和政策制定的透明度。全面取消在华外资银行、证券公司、基金管理公司等金融机构业务范围限制，丰富市场供给，增强市场活力。减少外国投资者投资设立银行业、保险业机构和开展相关业务的数量型准入条件。

加快推进金融市场高水平对外开放。全面落实债券市场对外开放举措，完善“债券通”运行机制，拓展境外机构投资者进入债券市场的渠道，丰富投资者类型和数量。加快推进资本市场高水平双向开放，持续深化资本市场互联互通，进一步优化沪深港通机制，扩大沪深港通投资范围和标的，不断丰富内地和香港全方位、多层次的务实合作，进一步完善沪伦通业务，进一步拓宽交易所交易基金（ETF）的互联互通。

打造具有世界影响力的国际金融中心。进一步加快上海国际金融中心建设。支持上海以更大力度、在更大范围内推进金融对外开放，积极吸引各类总部型、功能性金融机构集聚发展，加快形成门类齐全、功能完善的金融机构体系，吸引国际性金融组织落沪。提升上海金融市场配置全球资源能力，推进金融市场更高水平发展；加快推进金融法治建设，营造与国际接轨的优质金融营商环境。

坚定不移地支持香港国际金融中心建设发展。积极支持国际金融组织在香港设立代表处等机构，积极支持香港以适当身份和方式参与政府间组织和合作机制，进一步扩大香港的国际影响力，巩固和提高香港国际金融中心地位，维护香港经济金融稳定繁荣。

二、继续深化外汇管理体制改革

深化人民币汇率形成机制改革。协调好本外币政策，坚持以服务国内经济为主兼顾外部均衡，按照主动性、可控性、渐进性原则，把握好保持人民币汇率弹性、完善跨境资本流动宏观审慎管理和加强国际宏观政策协调三方面的平衡，保持人民币汇率在合理均衡水平上基本稳定。大力发展外汇市场，丰富交易产品，扩大参与主体，完善基础设施，推进市场自律建设，有序扩大人民币汇率的浮动区间，进一步提高市场活力。加强宏观审慎管理，控制外汇市场杠杆率水平，建立健全稳定市场预期的长效机制。

进一步提升贸易投资便利化水平。坚持经常项目可兑换原则，保障真实合规的经常项目国际支付与转移。持续促进贸易自由化便利化，支持贸易新业态创新发展。提升银行展业能力和服务质量，优化分类管理体系，提升事中事后管理水平，有效防范化解重大金融风险。

稳步推进资本项目改革开放。全面落实准入前国民待遇加负面清单的外商投资管理制度，探索适应市场需求新形态的跨境直接投资方式。完善跨国公司跨境资金集中运营政策和制度，建设便利跨国公司全球结算中心运行的政策环境。推进外债管理制度改革，促进跨境融资便利化。持续推进跨境证券投资领域双向开放。

完善外汇市场“宏观审慎 + 微观监管”两位一体管理框架。

以加强宏观审慎为核心改善跨境资本流动管理，建立健全跨境资本流动监测、预警和响应机制，采取必要的数量和价格工具，逆周期、市场化调控外汇市场主体顺周期行为。以转变监管方式为核心加强外汇市场微观监管，进一步完善实需管理/真实性审核、行为监管和微观审慎监管，严厉打击外汇领域违法违规行为，维护外汇市场健康秩序。

三、稳步推进人民币国际化

提高人民币可自由使用程度。完善人民币的计价结算功能，推动大宗商品交易以人民币计价结算，支持跨境电子商务人民币计价结算。提升人民币交易和储备功能，扩大与境外中央银行或货币当局合作，鼓励境外主体持有人民币资产。支持在“一带一路”建设和国际产能合作中更多使用人民币。

支持离岸人民币市场健康发展。提高人民币汇率形成机制的市场化和透明度，保持与市场的有效沟通，引导境外投资者预期。推动离岸人民币市场发展，适度增加离岸人民币市场流动性规模，完善市场交易机制和产品体系，突出外汇市场价格发现、套期保值和风险对冲功能。发展离岸人民币债券市场，完善人民币国债境外发行制度。

推进我国国债市场对外开放。积极稳妥加大国债一级市场开放力度，提升国债市场流动性水平。培育国债市场多元化、国际化投资者群体。保持与外资机构的密切沟通，提升我国国债市场国际影响力。继续推动国债纳入富时罗素等国际主流债券指数。

四、积极参与全球金融治理

推动国际金融体系改革。推动构建公正高效的全球经济治理体系，积极参与国际经济合作机制，推动完善世界银行和国际货币基金组织治理结构，提高新兴市场和发展中国家的代表性和话语权。扎实推进亚洲基础设施投资银行建设，完善金砖银行和金砖应急储备基金运作，健全新兴市场国家和发展中国家金融安全网，为全球金融治理转型贡献中国智慧、中国力量。

加强国际金融合作与监管协调。加强与国际货币基金组织、世界银行、国际清算银行等国际金融组织合作。积极参与国际金融标准和监管规则的制定，在移动支付、数字货币等标准制定方面发挥更大作用。推动多双边监管合作，加大跨境执法协查力度。加强与重点国家（地区）反洗钱监管合作。

▌第六节▐

进一步健全金融保障体系

“十四五”期间，要重点加强基础设施、法治、信用等金融保障体系建设，创造优良的金融生态环境，以优质高效的金融服务推动经济高质量发展。

一、加强金融基础设施和金融科技保障

加强金融基础设施建设。统筹建设规划登记托管、清算结算、交易设施、交易报告、支付、基础征信六类金融基础设施，推动形成布局合理、治理有效、先进可靠、富有弹性的金融基础设施体系。发挥金融基础设施贴近市场、信息集中的优势，推动建立覆盖全市场的交易报告制度，记录全流程交易数据信息，促进信息在金

融监管部门和经济管理部门之间及时共享，有效支持宏观调控与穿透式监管。推进登记结算金融基础设施互联互通，完善托管服务体系，提高服务效率，有效防范风险。

加强金融科技发展应用。加强金融与科技产业对接，更好地促进金融科技转化为现实生产力。加强金融科技创新产品规范管理，出台基础性、通用性监管要求，运用信息公开、产品公示、公众参与、共同监督的柔性监管方式，使金融科技创新有章可循、有规可依，确保金融科技产品业务合规、技术安全、风险可控。强化内部管控和外部评估，及时发现金融科技创新产品风险隐患，杜绝存在安全隐患的产品“带病上线”，筑牢金融科技创新安全防火墙。

二、加强金融法治保障

完善金融法律法规。统筹推进金融法律立改废释，使金融法规及时全面覆盖所有金融活动，以高质量立法推动和保障高质量发展。加快金融立法进程，完善金融法律法规体系，补齐制度短板。推进完善资本市场法律制度体系，进一步夯实资本市场健康发展的基础。及时完善金融领域新业态法律法规规章。完善地方金融监管法律制度，明确法律依据和授权。

加大金融执法力度。加大对金融违法行为处罚力度，大幅提高违法成本。统一监管执法标准，创新监督执法体制机制，统筹加强执法力量和保障，增强执法威慑力。坚持不懈治理金融乱象，严厉打击非法集资、金融诈骗等违法犯罪活动，严格规范金融市场交易行为。健全涉众型金融纠纷案件诉讼机制，完善行政和解调解、仲裁等多元化纠纷解决机制。深入开展金融法治宣传教育，推动形成普遍自觉守法局面。

三、加强信用保障

加强信用信息归集共享。加大公共信用信息归集共享公开力度，依托全国信用信息共享平台、国家企业信用信息公示系统、金融信用信息基础数据库等，建立健全企业、个人等各类市场主体信用记录，在有效保护企业商业秘密和个人隐私的前提下，依法推进公共信用信息归集共享并向社会有序开放，促进全社会信用信息共享融合和价值开发，为金融服务实体经济创造良好信用环境。

发展多层次信用服务体系。加快建立健全公共信用服务机构与市场化信用服务机构相结合、基础性信用服务与增值性信用服务互补的多层次信用服务体系，完善信用风险识别、定价、转移、防控机制，促进金融资源优化配置。大力发展信用服务市场，引导信用服务机构充分运用大数据、区块链等现代信息技术提供专业产品和服务。深入推进征信业市场化改革，促进有效竞争。加强信用评级市场监管，在开放条件下着力培育具有国际竞争力的本土信用评级机构。

第七节

坚持和加强党对金融工作的领导

做好金融服务实体经济工作，必须始终坚持党中央集中统一领导，加强金融系统党的领导和党的建设，打造高素质专业化人才队伍。

一、坚持党中央对金融工作集中统一领导

以习近平新时代中国特色社会主义思想为指导，始终把党的政治建设摆在首位，不断增强“四个意识”，坚定“四个自信”，做到“两个维护”，在思想上政治上行动上始终同以习近平同志为核心的党中央保持高度一致，确保党的路线方针政策在金融领域不折不扣得到贯彻落实。坚持党对国有金融机构的领导不动摇，充分发

挥党组织领导核心和政治核心作用，把加强党的领导和完善公司治理统一起来，把加强领导班子、人才队伍建设和贯彻落实党中央各项决策部署统一起来，把严明政治纪律、政治规矩和增强国有金融机构党员干部纪律意识、责任意识统一起来。

二、全面加强金融系统党的建设

金融系统要把党的政治建设摆在首位，必须旗帜鲜明讲政治，要结合实际把党中央关于加强党的政治建设的部署要求细化为具体措施，贯彻到党建全过程和金融事业发展各方面，以实际工作成效检验党建效果。坚持不懈推进理论武装，深化金融系统党员干部理想信念教育，严格落实意识形态工作责任制，持续加强和改进思想政治工作，不断提高思想政治工作水平。抓紧抓实金融系统基层党组织建设，强化基层党组织功能，加强党员教育管理监督，严格按要求配备党务工作人员。持之以恒强化正风肃纪，持续整治“四风”问题，严明党的各项纪律。深入推进金融系统反腐败斗争，强化不敢腐的震慑，扎牢不能腐的笼子，增强不想腐的自觉，严守纪律底线。

三、努力造就高素质金融人才队伍

坚持党管人才原则，大力培养、选拔和使用政治过硬、作风优良、业务精通的金融人才，紧跟形势变化，不断优化选人、育人要求和结构。党员领导干部要加强金融知识学习，崇尚专业主义精神，保持高水平专业水准，把握全球经济金融格局，认清经济金融全球化发展趋势，准确研判宏观经济形势，切实提高科学决策、科学管理水平。加强人才激励保障，建立健全有利于提高金融机构竞争力的激励机制和薪酬制度。加强对金融从业人员的政治素养、专业知识和职业道德培训，努力建设一支宏大的德才兼备的高素质金融人才队伍。

参考文献

习近平，2014. 习近平谈治国理政 [M]. 北京：外文出版社 .

习近平，2017. 习近平谈治国理政：第二卷 [M]. 北京：外文出版社 .

习近平，2020. 习近平谈治国理政：第三卷 [M]. 北京：外文出版社 .

中共中央文献研究室，2017. 习近平关于社会主义经济建设论述摘编 [M]. 北京：中央文献出版社 .

中共中央宣传部，2018. 习近平新时代中国特色社会主义思想三十讲 [M]. 北京：学习出版社 .

中共中央宣传部，2019. 习近平新时代中国特色社会主义思想学习纲要 [M]. 北京：学习出版社 .

本书编委会，2016. 总体国家安全观干部读本 [M]. 北京：人民出版社 .

本书编写组，2019.《中共中央关于坚持和完善中国特色社会主义制度、推进国家治理体系和治理能力现代化若干重大问题的决定》辅导读本 [M]. 北京：人民出版社 .

陈四清，2020. 完善金融治理体系提升金融治理能力 [J]. 中国金融（01）：14-17.

樊融杰，2020. 国开行、农发行支持长江经济带绿色发展贷款超 5 600 亿元 [EB/OL].（2020-05-23）[2020-08-01].http：//xw.sinoins.com/2020-05/23/content_345058.htm.

国务院发展研究中心课题组，2018. 百年大变局：国际经济格局新变化 [M]. 北京：中国发展出版社 .

郭树清，2020. 完善公司治理是金融企业改革的重中之重 [N]. 经济日报 2020-07-03（10）.

韩汉君，王玉，2018. 社会主义金融必须回归本源——学习习近平金融服务实体经济思想的相关论述 [J]. 毛泽东邓小平理论研究（07）：28-37，107.

黄达，张杰，2020. 金融学 [M]. 5 版 . 北京：中国人民大学出版社 .

李波，2018. 构建货币政策和宏观审慎政策双支柱调控框架 [M]. 中国金融出版社 .

李扬，2019. 金融供给侧改革 [M]. 北京：社会科学文献出版社 .

李扬，2019. 要义是提高资源配置效率——金融供给侧结构性改革研究 [J]. 新金融（11）：4-9.

聂庆平，蔡笑，2008. 金融创新、金融力量与大国崛起——基于荷兰、英国和美国的分析 [J]. 财贸经济（05）：39-45.

欧阳彬，2018. “把维护金融安全作为治国理政的一件大事”——学习习近平关于金融安全的论述 [J]. 党的文献（05）：17-22.

宋立，2020. 推进金融治理体系和治理能力现代化 [J]. 中国金融（03）：12-20.

中国人民银行金融稳定分析小组，2019. 中国金融稳定报告（2019）[M]. 北京：中国金融出版社 .

中国人民银行办公厅课题研究小组，2020. 建设现代中央银行制度 [J]. 中国金融（08）：20-24.

中国外汇交易中心暨全国银行间同业拆借中心，2020. 中国银行间市场交易报告 2019[M]. 北京：中国金融出版社 .

中华人民共和国国务院新闻办公室，2020. 就银行保险业运行、服务实体经济和防范化解风险情况举行新闻发布会 [EB/OL].（2020-01-13）[2020-08-01].http：//www.gov.cn/xinwen/2020-01/13/content_5468710.htm.

中国银行保险监督管理委员会，2020. 银保监会发布 2019 年四季度银行业保险业主要监管指标数据情况 [R/OL].（2020-02-17）[2020-08-01].

http：//www.cbirc.gov.cn/cn/view/pages/ItemDetail.html?docId=890683&itemId=915&generaltype=0.

中国人民银行，2020.2019 年支付体系运行总体情况 [R/OL].（2020-03-17）[2020-08-01].http：//www.pbc.gov.cn/goutongjiaoliu/113456/113469/3990497/index.html.

中国人民银行，2020.2020 年第一季度中国货币政策执行报告 [R/OL].（2020-5-10）[2020-08-02].http：//www.pbc.gov.cn/goutongjiaoliu/113456/113469/4021012/index.html.

中国人民银行，2020. 中国区域金融运行报告（2020）[R/OL].（2020-05-29）[2020-08-02].http：//www.pbc.gov.cn/goutongjiaoliu/113456/113469/4030508/index.html.

中国人民银行调查统计司城镇居民家庭资产负债表调查组，2020. 城镇居民家庭资产负债情况调查 [J]. 上海商业（5）：5.

中国人民银行，2020.2020 年上半年金融统计数据报告 [R/OL].（2020-07-10）[2020-08-01].http：//www.pbc.gov.cn/goutongjiaoliu/113456/113469/4054361/index.html.

中国人民银行，2020.2020 年第二季度中国货币政策执行报告 [R/OL].（2020-08-06）[2020-08-11].http：//www.pbc.gov.cn/goutongjiaoliu/113456/113469/4068117/index.html.

后 记

为深入学习贯彻习近平新时代中国特色社会主义经济思想，指导编制好“十四五”规划，进一步提升发展改革工作质量和水平，根据国家发展改革委党组的统一部署，在国家发展改革委党组书记、主任何立峰同志的直接领导下，党组成员、副主任连维良同志悉心指导，财政金融和信用建设司集全司之力，会同中国宏观经济研究院、国家信息中心共同编写本书。

参与本书写作和修改的主要人员有：陈洪宛、徐晓波、张春、田原、关鹏、刘丽、张邦利、全先银、吴丕达、郑金花、艾攀、严畅、王翊亮、闫少譞、范坤、龙捷、李政谕、于小燕、辛贤鹏、潘海洋、耿晶晶。全书由张春、关鹏统稿。

感谢中国宏观经济研究院王元、李世刚、曹玉瑾、李清彬、盛雯雯、宋立义、陆江源、侯燕磊，国家信息中心李若愚、张前容、徐平生、刘鹏、范洋对本书编写提供的材料支持。感谢袁达、孟玮、赵怀勇、杨特、刘照、周诚君、牛慕鸿、韦琬、谢嘉桂、马险峰、孙玉奎、孙学工、许生、李清彬提出的中肯建议。感谢中国计划出版社陈章鸿、徐泓、朱冰给予的大力支持。在此，谨对所有给予本书帮助支持的单位和同志表示衷心感谢。

由于水平有限，书中难免有疏漏和错误之处，敬请广大读者对本书提出宝贵意见。

本书编写组

2020 年 8 月

学习贯彻习近平新时代中国特色社会主义经济思想

做好“十四五”规划编制和发展改革工作

丨 **系列丛书** 丨